U052947

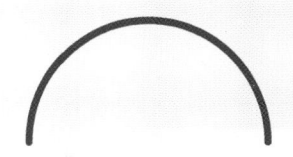

问题青少年教育矫正管理丛书　主编◎苏春景
EDUCATION,CORRECTION AND MANAGEMENT OF PROBLEM YOUTH SERIES

道德思维视角下
青少年犯罪预防与矫正研究

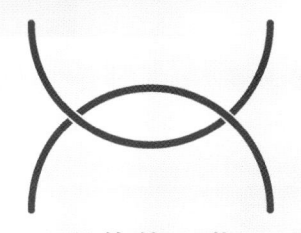

段炼炼◎著

中国社会科学出版社

图书在版编目（CIP）数据

道德思维视角下青少年犯罪预防与矫正研究/段炼炼著．—北京：中国社会科学出版社，2019.11

ISBN 978-7-5203-5495-0

Ⅰ.①道… Ⅱ.①段… Ⅲ.①青少年犯罪—预防犯罪—研究—中国 ②青少年犯罪—监督改造—研究—中国 Ⅳ.①D669.5

中国版本图书馆 CIP 数据核字（2019）第 245440 号

出 版 人	赵剑英
责任编辑	张　林
特约编辑	张冬梅
责任校对	周晓东
责任印制	戴　宽

出　　版	中国社会科学出版社
社　　址	北京鼓楼西大街甲 158 号
邮　　编	100720
网　　址	http://www.csspw.cn
发 行 部	010-84083685
门 市 部	010-84029450
经　　销	新华书店及其他书店
印刷装订	北京明恒达印务有限公司
装　　订	廊坊市广阳区广增装订厂
版　　次	2019 年 11 月第 1 版
印　　次	2019 年 11 月第 1 次印刷
开　　本	710×1000　1/16
印　　张	10.5
插　　页	2
字　　数	163 千字
定　　价	58.00 元

凡购买中国社会科学出版社图书，如有质量问题请与本社营销中心联系调换
电话：010-84083683
版权所有　侵权必究

问题青少年教育矫正管理丛书

主　　编：苏春景
副 主 编：郑淑杰　张济洲
编委会名单：（按姓氏笔画为序）
　　　　　　王　丹　王陵宇　孔海燕　苏春景
　　　　　　李克信　张济洲　郑淑杰　段炼炼
　　　　　　梁　静　董颖红

目　录

第一章　绪论 …………………………………………………… (1)
　第一节　青少年犯罪预防研究 ………………………………… (1)
　　一　国内青少年犯罪预防研究概况 ………………………… (2)
　　二　国外青少年犯罪预防的新进展 ………………………… (3)
　第二节　青少年犯罪矫正研究 ………………………………… (5)
　　一　国内外青少年犯罪的监禁矫正研究概况 ……………… (6)
　　二　国内外青少年犯罪的社区矫正研究概况 ……………… (7)
　第三节　道德思维与道德行为的关系研究 …………………… (9)
　　一　经典心理学对道德思维与个体行为关系的实证研究 ……… (9)
　　二　道德思维与个体行为关系研究新进展 ………………… (14)

第二章　道德思维概念及理论 ………………………………… (16)
　第一节　道德思维存在的条件 ………………………………… (16)
　　一　大脑：道德思维的生理载体 …………………………… (17)
　　二　语言：道德思维的交流中介 …………………………… (20)
　　三　社会：道德思维的环境因素 …………………………… (22)
　第二节　道德思维概念界定 …………………………………… (24)
　　一　道德思维的概念 ………………………………………… (24)
　　二　道德思维的本质特征 …………………………………… (26)
　　三　道德思维与其他思维的区别和联系 …………………… (28)
　第三节　道德思维的相关因素分析 …………………………… (29)
　　一　道德思维的发生发展 …………………………………… (29)
　　二　道德思维的表现形式 …………………………………… (32)

三　道德思维的两个层面 …………………………………… (35)
　第四节　多学科视角下的道德思维理论 ……………………… (38)
　　一　心理学视角下的道德思维理论 …………………………… (38)
　　二　神经学视角下的道德思维理论 …………………………… (45)
　小　结 ………………………………………………………………… (51)

第三章　道德思维与青少年犯罪的关系 ……………………… (53)
　第一节　犯罪青少年道德思维发展及其相关因素分析 ………… (53)
　　一　研究构架与研究方法 …………………………………… (53)
　　二　研究结果与假设验证 …………………………………… (57)
　　三　讨论与建议 ……………………………………………… (66)
　第二节　道德思维培养与青少年犯罪预防矫正的趋同性 ……… (68)
　　一　问题青少年教育矫正管理与青少年犯罪预防矫正 ……… (68)
　　二　教育实践活动：青少年犯罪预防与矫正的实施载体 …… (70)
　　三　道德思维教育：道德思维培养的有效途径 …………… (73)
　第三节　青少年道德思维活动的可预防与矫正 ……………… (74)
　　一　道德思维的培养属于自我控制的范畴 ………………… (74)
　　二　犯罪青少年控制道德思维的可行性 …………………… (77)
　　三　青少年如何控制自己的道德思维 ……………………… (79)
　第四节　道德思维教育是青少年犯罪预防与矫正
　　　　　研究的有效对策 ……………………………………… (81)
　　一　道德思维要求重新审视道德教育的目标、方法和内容 … (81)
　　二　道德思维教育是促进青少年道德水平提高的根本 …… (86)
　小　结 ……………………………………………………………… (88)

第四章　道德思维视角下青少年犯罪预防理论 ……………… (90)
　第一节　道德思维教育下青少年成长理念的定位 …………… (90)
　　一　学会发掘自己：天赋的道德思维底线 ………………… (90)
　　二　学会关注他人：群体生活与团体效忠 ………………… (94)
　　三　学会放弃隔阂：追求爱与和谐的生活 ………………… (97)
　第二节　道德思维教育下家庭教养方式的启示 ……………… (102)

一　爱的教育：青少年具有给予他人爱的能力和责任 …………（102）
　二　平等教育：青少年要尊重与理解多样性 ………………（106）
　三　独立教育：青少年需要自己判断生活中的真善美 ……（109）
第三节　道德思维教育下学校德育的反思 ………………………（113）
　一　核心理念：己欲立而立人，己欲达而达人 ……………（113）
　二　方法论：寓理于境，知行统一 …………………………（117）
　三　侧重点：重视培育和发展青少年的情感 ………………（121）
小　结 ……………………………………………………………（124）

第五章　道德思维视角下青少年犯罪矫正策略 …………………（126）

第一节　社区服务令：犯罪青少年社区矫正的首选 ……………（126）
　一　社区矫正的新发展与恢复性司法的运用 ………………（126）
　二　我国青少年社区矫正制度的完善与突破 ………………（130）
　三　社区服务令在我国青少年犯罪中的适用 ………………（133）
第二节　打通忏悔渠道：创新加害人—被害人刑事和解制度 ……（136）
　一　道德思维视角下犯罪矫正需要忏悔和宽恕 ……………（136）
　二　刑事和解在我国的兴起与创新 …………………………（139）
　三　对刑事和解制度的误解与澄清 …………………………（141）
小　结 ……………………………………………………………（145）

参考文献 …………………………………………………………（146）

附　录 ……………………………………………………………（152）

第一章

绪　论

青少年犯罪预防与矫正研究的兴起与社会对青少年犯罪问题的关注有着密切关系，这种以问题为导向的研究范式，在青少年犯罪研究历程中特征较为明显。我国的青少年犯罪预防与矫正研究起步较晚，但发展很快，法学界被视为这一领域研究的主体力量。随着青少年犯罪问题的持续升温，学界开始从不同的学科视角探求青少年犯罪的破译密码。事实上，学者们可以从任何一个角度找到研究青少年犯罪问题的切入点，若将相关理论与方法作用于犯罪青少年时，则需要一个前提，那便是犯罪青少年自身。溯本求源是人类的本性，通过道德思维理论，找到青少年犯罪行为最开始与本质的内容，道德思维作为人类认知、情感、行为的决定因素，将成为青少年犯罪预防与矫正研究的重要理论基础。

青少年犯罪行为产生的原因在于缺乏道德思维观念和行为控制能力，进而发展成犯罪行为。很多研究表明，犯罪青少年相比非犯罪青少年处于较低的道德思维水平，这也显示了道德思维不成熟可能是青少年犯罪的根本原因。本书从青少年犯罪预防研究、青少年犯罪矫正研究、道德思维与道德行为的关系研究三个方面，对相关研究概况进行梳理，继而说明以道德思维理论为视角进行青少年犯罪预防与矫正的可行性和必要性。

第一节　青少年犯罪预防研究

关于青少年犯罪预防，国内学者较为认可的定义为："在青少年犯罪行为发生之前，家庭、学校、国家机关及社会各方面事先采取种种教育活动、保护性和防范性措施，防止犯罪行为的发生。"① 青少年犯罪预防具有广义和狭义之分：狭义的青少年犯罪预防仅仅针对具有犯罪倾向的青少年，防微杜渐，将犯罪隐患消除在不良行为和一般违法活动中；广义的青少年犯罪预防则将研究对象进一步扩大至整个青少年群体。可见，青少年犯罪预防的广义、狭义之说主要根据青少年研究群体的范围而变化，临界点在于青少年是否已经犯罪。

一 国内青少年犯罪预防研究概况

国内关于青少年犯罪预防的研究，除了前面提到的青少年犯罪预防概念，还针对青少年犯罪预防的意义、理论依据、预防原则、预防模式、预防途径和预防类型等内容展开论述。关于青少年犯罪预防的意义研究，国内学者大多从青少年个体角度和社会本位角度进行阐述，其中对社会的意义关注较多。如康树华提出的青少年犯罪预防的四点意义："减少犯罪、稳定社会的作用；促进社会主义精神文明建设；保障社会主义物质文明建设；推动人类和平、进步与发展。"② 关于青少年犯罪预防的理论依据，学者们从不同的学科视角进行探讨："如犯罪学从单纯犯罪原因的分析到犯罪断念研究，使犯罪断念在静态结构和动态运行的结合中发挥犯罪预防的积极效果。"③ 运用心理学理论来解释和分析青少年犯罪行为并进行有效预防，也是犯罪心理学研究的重要课题。如有的学者通过"自我同一性"的确立来进行青少年犯罪预防活动，对个体心理与行为的控制、调节系统、欲求等动力起到加强或削弱的调控作用。④ 从教育学视角进行青少年犯罪预防的研究较多，这源于预防活动与教育的天然契合度，"如有的学者提出挫折教育对青少年犯罪预防的作用，通过增强青少年的心理承受能力和适应能力，培养其积极向上的乐观精神，从而达到

---

① 姚建龙主编：《中国青少年犯罪研究综述》，中国检察出版社2009年版，第148页。
② 康树华主编：《预防未成年人犯罪与法制教育全书》（中卷），西苑出版社1999年版，第847页。
③ 谢思军、Jay X. Urban、吴盛：《青少年犯罪预防理论的研究视角：从犯罪原因到犯罪断念的转向》，《政法论丛》2007年第6期，第37页。
④ 张伶：《"自我同一性"的确立与青少年犯罪预防》，《青少年犯罪问题》2008年第2期，第29页。

预防犯罪的目的。"① 还有学者提出要利用儒家思想来治理青少年犯罪现象，儒家所注重的道德修养，可以为青少年的内心"立法"，提高人的生命层次，从根源上预防犯罪行为的发生。② 可见，目前学者们大多从单一学科视角进行青少年犯罪预防理论研究，以多学科视角进行青少年犯罪预防理论研究迫在眉睫。

关于青少年犯罪的预防原则，多以法律法规或政府文件的原则为主，如《预防未成年犯罪法》提到的四条原则。关于青少年犯罪预防模式，有学者提出了四种模式："综合治理模式；防控模式；防治模式；交叉模式。"③ 关于青少年犯罪预防途径，这也是学者们最为关注的问题，主要从青少年的生活环境着眼。从家庭、学校、社会环境的改善，或使用经济、文化、法律、道德等手段，运用到青少年犯罪预防活动中来。如在家庭环境中，家长要学习有关法律、生理学、心理学等方面的知识，加强自身的思想品德修养，用自己的言行为青少年树立榜样。④ 关于青少年犯罪预防类型，不同的分类标准，继而产生不同的观点。如曹漫之等主张："根据青少年在犯罪过程中的地位、犯罪发生的不同维度、生活领域的范围、犯罪预防的着眼点、犯罪预防的实际效果等标准进行分类。"⑤

二 国外青少年犯罪预防的新进展

国外针对青少年犯罪预防的课题十分重视实证和纵向研究，强调循证矫正，研究结果可验证和评价，具有较高的实践应用价值。因此，国外青少年犯罪预防研究大多关注于预防对策本身，针对预防对策的模式和方案进行创新。例如，美国密歇根州开展的佩里学前研究计划，研究对象为三四岁的学前儿童，这些孩子出生于贫困家庭，学习成绩也不理想。通过随机抽取58位研究对象接受高质量的学前项目训练，通过纵向

---

① 花秀骏、华军：《挫折教育与青少年犯罪预防》，《青少年犯罪问题》2003年第3期，第21页。

② 高畅、王雪峰：《儒家思想与青少年犯罪预防》，《青少年犯罪问题》2003年第5期，第4页。

③ 雍自元：《青少年犯罪研究》，安徽人民出版社2006年版，第295—297页。

④ 宾雪花、刘卫华：《试论家庭与青少年犯罪预防》，《石河子大学学报》（哲学社会科学版）2007年第4期，第46—49页。

⑤ 曹漫之主编：《中国青少年犯罪学》，群众出版社1988年版，第313—338页。

考察（直到被试年龄达到 40 岁）。将接受过佩里学前计划和没有接受过佩里学前计划的被试进行对比，结果发现接受过佩里学前计划的被试在未来的生活中，收入更高、犯罪较少、生活更加幸福。① Dan Olweus 作为反霸凌项目计划的创始人，积极推动青少年免遭同龄人的严重霸凌运动。要求学校成立一个学生霸凌预防协调委员会，并对工作人员进行培训，向学生们介绍反霸凌的规章制度，并邀请学生家长参与其中。结果发现该计划对校园霸凌事件具有一定的预防价值，防止校园霸凌者进行错误的自我力量彰显。② 可见，国外青少年犯罪预防研究主要针对某一犯罪群体或某一犯罪问题而展开，通过对实施犯罪预防策略进行纵向研究，从而验证预防策略的有效性，继而推广使用。具体而言，各国的青少年犯罪预防对策有：

美国是世界范围内最早颁布少年法并建立少年司法制度的国家，一开始的青少年犯罪预防互动主要在法律领域之外开展，特别是对犯罪青少年群体没有形成一套正规的司法程序，只是由社会福利组织通过"拯救"的方式将迷途的青少年引向正途。随着美国少年司法制度"转向处分"（简称"转处"）制度的推行，将身份犯罪青少年、轻微犯罪青少年等群体，施以非教养化措施，这也开启了美国利用社会关系理想，用社区矫正的方式预防矫正犯罪青少年的开端，其根本目的便是预防犯罪。这种犯罪预防措施背后的研究理论有：一是社区参与预防理论。强调在青少年犯罪预防活动中，获得公众支持与社区的参与，增加对犯罪青少年的威慑作用，对于青少年犯罪预防和提高公众的安全感具有明显的效果。二是"社区警务"预防犯罪论。"社区警务"是指存在于警务与社区之间的一种联系，这种理念的提出鉴于犯罪作为一种社会现象，与社区广大公众的利益息息相关，需要调动广大社区群众的治安作用。可见，美国对青少年犯罪预防的理念和实践从针对少年司法本身的改革，到积极运用社区资源，成为与少年司法制度相结合的双重预防体系。③

---

① 徐大慰：《国外青少年犯罪预防项目的社会学分析》，《青少年犯罪问题》2012 年第 2 期，第 47 页。
② 张国平：《校园霸凌的社会学分析》，《当代青年研究》2011 年第 8 期，第 73 页。
③ 康树华：《美国青少年犯罪预防体系和措施》，《吉林大学社会科学学报》1992 年第 2 期，第 92 页。

英国针对青少年的"反社会行为"制定了各种形式的惩戒项目，从而预防青少年行为进一步恶化。值得指出的是，养育令和儿童安全令的提出，在提倡早预防和早介入的前提下，十分强调父母的教养责任，并对父母是否尽到责任进行司法干预。从单纯关注问题青少年，到关注问题家庭，这一点是我国青少年犯罪预防中需要借鉴的。[①]

法国针对国内越来越突出的青少年犯罪问题，规定从国家、社区、学校、家庭等诸多领域，都应当肩负起帮助青少年成长的任务。除了国家进行相应的立法以外，法国教育部与学校合作建立了"校园实践跟踪和警报系统"（简称 SIVIS 系统），还在所有学区设立了"暴力 SOS"热线，开通专项邮箱，为校园暴力受害者提供必要的司法援助。在社区层面上，法国社会组织设立了各种各样的青少年接待中心，分类接待对象和内容，对青少年犯罪预防工作起到一定的辅助作用。[②]

日本也同样意识到只有全社会力量共同联合起来，才是预防青少年犯罪最有力的对策，并以三个阶段来制定预防青少年犯罪的对策：第一阶段是以家庭、学校、新闻媒体和社会保障机构的联合，为预防青少年犯罪营造良好的文化生活环境；第二阶段是由警务机关和少年福利事业单位相互协作，援助青少年摆脱越轨行为，将犯罪苗头及时熄灭；第三阶段是刑事司法部门采取正确有效的措施，保障青少年案件处置的多样性和针对性，促进他们早日回归社会。[③]

综上，国外关于青少年犯罪预防的研究呈现出干预提前、社会参与、多领域合作等特点，并成为国际青少年犯罪预防的趋势与走向。

第二节 青少年犯罪矫正研究

在西方，矫正是刑事司法制度的一个重要概念，"是指法定有权对判

[①] 刘桃荣：《英国青少年犯罪预防的经验》，《青少年犯罪问题》2006 年第 5 期，第 66 页。
[②] 汪娜：《法国青少年犯罪预防措施及其借鉴》，《青少年犯罪问题》2012 年第 5 期，第 99 页。
[③] ［日］藤本哲也：《日本预防青少年犯罪的新国策》，余建平译，《青少年犯罪问题》2006 年第 6 期，第 68—70 页。

有罪者进行监禁或监控机构所实施的各种处遇措施,包括监禁隔离、教育感化、心理治疗和行为规训等。"① 由于矫正是从医学和心理学中派生出来的概念,即将犯罪青少年看成是"有疾病的人",可以通过一系列矫治方法得到康复。这和我国长期使用的改造一词,具有本质的区别。改造从本质上是推翻旧的,建立新的,具有宏观性和全面性的特点,而矫正则显得更为微观,针对犯罪青少年的心理和行为缺陷进行矫正。弄清楚以上两个概念的定义,便对青少年犯罪矫正研究有了一个清晰的认识,即针对犯罪后的青少年,在监禁型或非监禁型的刑罚制度中,对其心理和行为进行矫正的研究。下面从监禁型矫正与非监禁型矫正两个环境,对国内外青少年犯罪矫正研究进行梳理。

一 国内外青少年犯罪的监禁矫正研究概况

提到国内青少年犯罪的监禁矫正研究,需要了解一个学科,那便是矫正教育学。高莹对矫正教育给出如下定义:"以特定设施为主要条件的一种特殊教育形式,是以实现矫正教育对象的再社会化为本质,系统地影响和改变受教育者思想观念与行为方式的策略、方法和手段。"② 矫正教育的主要任务便是对接受刑罚的犯罪人实施矫正的活动,针对监禁环境的特殊性开展教育实践活动。目前,监禁型的主要任务是执行刑罚、惩罚和矫正罪犯、预防和减少犯罪,国外对青少年犯罪矫正的具体方法有:分类矫正、管理矫正、激励矫正、教育矫正、心理矫治、宗教矫正、劳动矫正等,我国青少年犯罪的监禁矫正方法有:管理矫正、教育矫正、劳动矫正和心理矫治四个方面。③ 在美国,短期的监禁设施包括:羁押中心、避难所、接待中心和诊断中心,也有部分犯罪青少年被关押在成人监狱中。羁押中心会对每一位犯罪青少年进行监禁风险评估,一为保持控制,二是提供基础治疗。美国的青少年监禁部门为青少年提供良好的发展机会,并帮助青少年矫正最初不良的行为;同时,还要防止被羁押

---

① [美]克莱门斯·巴特勒斯:《矫正导论》,孙小雳译,中国人民公安大学出版社1991年版,第3页。
② 高莹主编:《矫正教育学》,教育科学出版社2006年版,第8页。
③ 李明琪主编:《犯罪学理论与实务教程》,对外经济贸易大学出版社2012年版,第259—265页。

青少年产生厌烦心理和再次犯罪的行为性。① 根据泰国的法律，除了 7 岁以下的幼儿即使违反刑法也不接受惩罚，7 岁至 25 岁的儿童、少年和青少年群体，如若犯罪，便要接受刑罚。当犯罪青少年需要进行监禁矫正时，他们就会被送往少年教养院，接受文化教育等形式的训练科目，这一点和国内青少年监禁矫正的内容基本一致。②

很多学者看到了青少年监禁矫正的局限性，认为监禁的实质就是隔离。其主要弊端有损害犯罪青少年的精神健康和将犯罪人从正常社会中驱逐出去，不利于青少年犯罪矫正效果。③ 也有学者认为监禁矫正需要向社区矫正延伸，社区矫正也需要向监禁矫正延伸，从而达到资源共享、优势互补的效果，更好地完成刑罚执行工作。④ 总之，学界对青少年犯罪的监禁矫正越来越持怀疑态度，特别是各国对青少年主体大量适用缓刑、假释、社区矫正、家庭拘禁等非监禁刑罚措施的趋势，刑罚制度的创新必然导致矫正研究的发展与进步。联合国的一些刑事司法规则，例如《联合非监禁措施最低限度标准规则》《囚犯待遇最低限度标准规则》等都在倡导尽可能避免采用监禁型，将监禁型作为最后一种迫不得已的手段，更何况作为各国都十分关注犯罪青少年群体。因此，相对于监禁矫正，社区矫正具有无可比拟的优越性，更是青少年犯罪矫正研究的走向。

二　国内外青少年犯罪的社区矫正研究概况

吴宗宪等出版了《非监禁型研究》，对非监禁型的概念、基本理论、发展趋势与问题、国内外非监禁型的立法与司法实践等做了详细的论述。现在很多学者可以非常清楚地了解青少年犯罪的非监禁理念和实务概况，但我国对非监禁制度的探索却经历了较长的时期。目前，国内较为关注的青少年犯罪非监禁型便是社区矫正。"所谓社区矫正是指将符合特定条

---

① ［美］卡特考斯基：《青少年犯罪行为分析与矫治》，叶希善译，中国轻工业出版社 2009 年版，第 311—315 页。

② 朱洪德主编：《世界各国少年犯罪与司法制度概览》，中国人民公安大学出版社 1992 年版，第 558 页。

③ 但未丽：《社区矫正：立法理论与制度构建》，中国人民公安大学出版社 2008 年版，第 96—105 页。

④ 金强：《法学热点问题研究》，巴蜀书社 2007 年版，第 698—700 页。

件的罪犯置于社区而非监狱环境中，在确定的期限内，由专门的国家机关主导，辅以社会社团以及志愿者力量，帮助罪犯矫治病态心理和异常行为，引导参加公益活动，学习劳动就业技能，促进矫正对象顺利回归社会，以实现社会安定和社会和谐。"①

关于青少年犯罪的社区矫正，特别是未成年人社区矫正，学者们对其特点进行了论述，如未成年犯罪人社区矫正的主要特点是："活动的系统性、性质的执法性、对象的特定性、内容的复杂性、地点的社区性等。"② 但由于我国未成年犯社区矫正工作起步较晚，还未形成未成年犯社区矫正的司法体系，缺乏针对未成年犯的社区矫正项目，因此我国的青少年犯罪的社区矫正工作尚处于起步阶段。主要缺点有："缺乏适合未成年人特点的社区矫正项目、缺乏未成年人犯社区矫正的专门机关和人员、未成年犯社区矫正措施过于形式化、未成年犯社区矫正缺乏统一标准、社会各界的配合性不强等。"③ 有的学者建议青少年犯罪的社区矫正措施有："训诫、责令悔过、赔礼道歉、赔偿损失、金钱补偿、责令家长管教、社区服务令、恢复性司法、不定期善良行为报告、开办法制讲座等。"④

虽然我国通过社区对青少年犯罪行为进行矫正的实践才刚刚开始，国外很多学者却对此进行了较长时间的探索。目前，联合国的《儿童权利公约》《联合国少年司法最低限度标准规则》和《联合国预防少年犯罪准则》都对社区矫正青少年犯罪的地位和作用进行了阐述，这源于成人世界对儿童权益的尊重和保护。英国青少年社区矫正机制的主要内容有："首先在立法层面上，通过了一系列法案，进一步明确青少年社区矫正的地位、种类和内容；根据2000年英国国会通过的《刑事法院量刑权限法案》，规定社区矫正由社区服务令、社区惩罚令、宵禁令、毒品治疗与检测令等构成；此外英国还专门制定了三种适用于未成年犯罪人的社区矫

---

① 荣容、肖君拥：《社区矫正的理论与制度》，中国民主法制出版社2007年版，第1页。
② 吴宗宪：《论未成年犯罪人矫正的主要模式》，《预防青少年犯罪研究》2012年第1期，第32页。
③ 贾宇：《未成年人犯罪社区矫正制度研究》，《人民检察》2011年第5期，第7—8页。
④ 郜金泰：《完善我国未成年人犯罪非刑罚矫正制度的构想》，《河北法学》2008年第12期，第148页。

正令：出席中心令、监督令、行为规划令等。"① 总之，国内外青少年犯罪的社区矫正研究正如火如荼地进行，并将作为未来青少年犯罪矫正的主要手段发挥更大的作用。

第三节 道德思维与道德行为的关系研究

长期以来，对于道德思维与道德行为的关系研究一直是各学科领域探究的重要问题之一。很多学者不仅从理论层面，还通过实证调查研究对道德思维与道德行为的关系做了大量的工作，证明青少年的道德思维水平会达到与犯罪隔离的效果。总之，高水平的道德思维使个体行为趋向于更统一、稳定和一致，使个体成为一名可信赖的道德行为者。很多心理学和社会学理论对犯罪原因研究的结论表明，具有较高道德思维水平的人能够拒绝不法行为的诱惑，而前习俗水平进行道德思维的个体则更易于犯罪。具体来讲，道德思维与个体道德行为之间的关系经历了经典心理学实验研究和当代心理学的深入研究两个阶段。

一 经典心理学对道德思维与个体行为关系的实证研究

道德认知学者并不局限于研究个人的行为，因为研究行为并不能确切地探知道德判断成熟的水平。例如，一名成熟的成人和一名年轻的儿童，可能两者皆能自我控制不去偷苹果，就此而言，他们的行为是相同的。但是如果他们的道德成熟有区别，则他们的行为并没有显示出这种区别。那就是他们的行为并没有表示出不偷苹果的理由。基于此，科尔伯格不关心个人对行为是非的叙述，而要追问行为背后的推理。科尔伯格的研究显示，分析个人道德判断或道德行动的理由，则个人的道德观点就显示出有意义的区别。例如，某一个人可能表示，偷东西是错误的，因为可能被逮捕；另一个人可能表示，偷东西破坏了维持社会所必需的信任。所以，在个人道德判断成熟的历程中，个人所提出的行为理由，显然在意义上有区别。当一个人持有不同的观点，以不同的观点来探求

---

① 于华江、朱建美：《试论我国违法犯罪青少年社区矫正机制的构建——从英国违法犯罪青少年矫正机制借鉴的视角》，《中国人民公安大学学报》2007年第3期，第112页。

道德困境时，个人就表现出不同的反应方式。不同方式反映不同导向的背后就是假定各种不同的道德判断阶段的基础。

然而，直接的行为改变并非必然与日后生活中的行为相关联。心理学家进行实验设计，试图透过良好行为的增强或奖赏，以改变明显的行为，如行为改变技术、操作性条件反射或社会强化技术。但是，这些技术被运用到青少年行为之后，无法显示动机和判断。根据研究结果显示，行为的改变对日后的行为并不具有可靠的预测功能。如在未成年管教所内显著地减少暴行、喧闹和犯规，但在离开管教所回到社会后，这些改变并没有减少犯罪的概率。这一现象的背后所引发的关于犯罪青少年矫正方法的探究是值得我们每一位学人深思的。道德认知发展理论假设，一个人的道德思维与行为有密切的相关。以下将从五个方面来分析道德思维与犯罪行为的关系。

（一）成熟的道德思维是成熟行为的先决条件

道德阶段被界定为具体结构，而非实质内容，在道德困境中，行动的选择常常不作为决定道德阶段的依据。因为行动的选择是指"内容"，阶段特征是指"结构"。如两名第四阶段为救妻子偷药的受试者，一名出于尊重法律和财产权，可能选择不去偷药；一名出于履行丈夫的责任和社会看重人类的生命价值，可能选择偷药，二者对行动的选择不同，但其认知结构则相同。所以，道德阶段是由结构来决定。如此，预测行动需要由个体基本道德思维结构的水平来获得。认知发展理论认为思维与行为的关系是紧密相连的。因为成熟的道德行动需要成熟的道德思维作为先决条件。唯有在发展的范围内，青少年又以适当的推理或思维来支持道德行为，则此道德行为才是适当的。也就是可从道德思维的成熟程度，预测道德行动是否成熟。根据这种说法，如果人们知道青少年的道德认知水平，则人们就应该能够预知他们的许多道德行为。可见，道德判断与道德行为的成熟有很重的认知成分，所以，科尔伯格认为道德行为的发展依靠相当成熟的道德观念和道德认知能力的发展。当行为由成熟的道德认知提供知识时，则行为就受道德发展水平的影响。[①]

---

① 张军伟：《论科尔伯格德育理论及其对我国学校德育的启示》，《传承》2011年第23期，第18页。

(二) 道德思维是道德行为的必要条件

认知发展理论之所以重视道德认知，其原因主要在以下几个方面：第一，虽然道德认知仅仅是道德行为的一种因素，但是道德认知是迄今为止所发展的道德行为的最重要、最有影响力的因素。第二，虽然其他因素影响道德行为，可是道德认知是道德行为唯一特殊的道德因素。例如克雷伯斯和科尔伯格研究指出，"意志坚强"的受试者比"意志薄弱"的受试者更能不欺骗。"意志坚强"的受试者有20%的比例曾受过欺骗；"意志薄弱"的受试者则有76%曾欺骗过。然而，那些道德认知在前习俗水平的受试者，"意志"对道德行为则有相反的效果。"意志坚强"的第一阶段和第二阶段的受试者，比"意志薄弱"的受试者欺骗更多。那就是他们有信念的勇气，相信欺骗是有价值的。如此，"意志"是道德行为的一个重要因素，但是它不是特殊的道德，唯有当成熟的道德认知提供给知识时，它才能成为道德。第三，道德认知的改变是长期的或不可倒逆的，获得一个较高的阶段后，就不会再丧失。相反，道德行为大部分随情境而异，而且是可倒逆的，或在新的情境中可丧失。此外，人格中的道德力量是认知的，情感力量包含在道德决定中，但情感既不是道德的，也不是非道德的。我们进行情感宣泄时，当这种情感的流露被引导进入道德方向时，这种情感就是理性的、道德的；相反，当这种情感的流露不被引导入道德方向时，则情感就是非道德、非理性的。因此，道德认知发展理论者重视道德认知，而不关心道德行为。所以，科尔伯格说："道德认知在道德行为中是唯一特殊的道德因素，但非道德行为的唯一因素。"[①] 他又说："道德判断的成熟是道德行为的良好预测者；成熟的道德判断是成熟的道德行为的一个必要条件，而非充分条件。"[②]

(三) 道德思维与道德行为是可调和的

从结构发展的观点来看，道德思维与行动是相关的。个体道德思维的方式与他的行动相关；反之亦然。认知发展理论既然假设道德思维与

[①] Kohlberg, L., "Moral Development: A Review of the Theory", *Theory into Practice*, 1977 (2): 58.

[②] Kohlberg, L., *Cognitive-developmental Theory and the Practice of Collective Moral Education*, New York, Gordon & Breach, 1971, p. 345.

行为是相关联的，则道德思维与行为之间就有一种经验的关系。例如，从对道德思维发展结构的研究，表示发展阶段与欺骗行为是相关的。克雷伯斯等研究发现，在两个道德发展最高阶段（第五、六阶段）的个人，比在中间水平（第三、四阶段）的个人较少欺骗；中间水平的个人比在第一、二阶段的个人较少欺骗。① 米尔格伦实验命令受试者对其他人执行电击，发现大多数在道德判断上使用第六阶段推理的受试者，拒绝执行电击。然而，大多数在较低阶段的受试者，则顺从实验者的要求。② 这些研究支持在道德思维和行动之间存在相关性。可是，这种道德思维与行动相关的研究，并不指明相关的本质，更没有提供在发展改变中，有关道德思维和行动调和的知识。科尔伯格研究在选择行为中，儿童如何反应高于自己道德发展阶段的道德思维。研究结果提出在阶段改变所需要的不平衡情景中，行动能够扮演一个重要的角色。在行为情景中，受试者对超乎其主要阶段之上的阶段反应时，推理经历三个步骤：第一，道德思维维持与行为隔离；第二，企图使道德思维与行为相关，此时显示冲突，而不是行为的改变；第三，道德思维和行为是统一的，以至行为是由较高阶段的道德思维所引导，这是一种统整的形式，经由这种形式，行动能够提供阶段重组的条件。

（四）道德思维成熟与伦理成熟的正比关系

道德认知发展学者认为个体的道德思维越成熟，则越接近真正伦理行为的意义。可以说，个体如果知道什么是真正的伦理行为，则可能遵照这种认知行事。科尔伯格也承认，以道德上高尚的方式来行动，需要高阶段的道德思维水平。如果一个人不了解或不相信道德原则，则他不可能遵循这种道德原则。然而，一个人也可能根据此原则来推理，而不遵从这些原则来行动，那是受其他因素的影响。虽然，在一个特殊情境，许多因素决定一个人是否遵从他的道德思维水平而行动，但是，道德思维水平仍然是行动的良好预测者。根据科尔伯格等的实验，证明个体在

---

① Kreds, R. L., *Some Relationship between Moral Judgment, Attention, and Resistance to Temptation*, Doctoral Dissertation, University of Chicago, 1976.

② 刘训练：《西方群体政治心理研究的发展历程》，《南京社会科学》2013年第8期，第84页。

道德上以更成熟的方式思维，也以更成熟的方式行动。科尔伯格等对美国和其他国家的情况做进一步研究，指出在相同社会背景中，罪犯比非罪犯其道德发展显著较低。事实上，非罪犯的青少年和成人，有75%是在第三阶段和第四阶段；然而，罪犯青少年大多数是在第一阶段和第二阶段。其研究又指出，那些达到第三阶段和第四阶段的服刑人员，比第一阶段和第二阶段的服刑人员较不可能再入狱。①

（五）前后一贯不欺骗，是成熟道德思维水平的征兆

科尔伯格研究指出重复表现不端的行为，表示缺乏一般的道德判断能力，或罪恶感能力，以及缺乏内在的自我控制，而非单纯的情境或情绪的冲突。根据哈特秀尼和梅耶的研究，发现欺骗与稳定的行为模式很少有关联。几乎每一名青少年都曾欺骗过，欺骗主要是由于情境。科尔伯格根据此种发现，认为欺骗是一种琐碎的行为。仅仅在消极的情境，欺骗行为才是日后道德行为的预兆。也就是说，人们不能预知欺骗青少年日后的道德行为，但是我们能预知不欺骗青少年的许多道德行为，在各种机会都能前后一贯地抑制欺骗的青少年能够根据成熟的道德认知来行动。② 也就是说，他已达到一种道德思维成熟的高级水平，这个结论可由克雷伯斯和布朗等的研究得到支持。克雷伯斯发现习俗与前习俗水平的儿童，有75%在四分之一的实验性欺骗测验中曾经欺骗过；但是，后习俗水平的儿童，仅有20%在四分之一的实验性欺骗测验中欺骗过。布朗等研究发现习俗水平的大学生，几乎有一半欺骗过；而后习俗水平的学生，仅有11%欺骗过。③ 这些研究显示了道德思维与个体行为之间有密切的关系，也显示大多数儿童与成人认为欺骗是错误的，但是仍欺骗。据此，惯偷或欺凌弱小者可能如同七八岁年幼儿童一样，是不成熟的表示；但是，一般的不诚实就不是了。虽然，儿童时期的诚实，不能预测未来的道德行为；但是，早期的偷窃和严重性的攻击行为，则是成人不

---

① Kohlberg, L., *Cognitive-Developmental Theory and the Practice of Collective Moral Education*, New York, Gordon & Breach, 1971, p.427.

② Kohlberg, L. and Turiel, E., *Moral Development and Moral Education*, Scott Foreman Company, 1971, p.457.

③ Kreds, R.L., *Some Relationship between Moral Judgment, Attention and Resistance to Temptation*, Doctoral Dissertation, University of Chicago, 1976.

道德、青少年犯罪和反社会行为的预兆。

科尔伯格研究发现青少年前期或青少年时期,重复或明显地违反权威,则无法达到习俗水平的道德认知。而青少年一致且公开地从事不被赞成的行为,则是属于前习俗水平的道德认知,例如,科尔伯格发现大多数(83%)15—17岁的犯罪青少年,是在前习俗水平;而仅有少数(23%)的普通青少年,是在前习俗水平。① 所以,可以指出欺骗本身不是道德认知低成熟的标志。但是能前后一贯地不欺骗,则是道德认知高成熟的征兆。相反地,青少年犯罪是低认知或前习俗水平的标志。但是,不犯罪的青少年不是已经达到习俗水平的标志。许多前习俗水平的青少年避免犯罪,是出于恐惧、利害的比较和缺乏机会等理由。虽然,犯罪的人表现出不成熟的道德认知发展,但是要进一步了解犯罪的人尚有超乎不成熟的道德认知之外的社会与心理的因素。从上述研究,显然可以说道德判断与行为之间有紧密的关系。因此,促进道德认知更成熟的目标,与促进道德行为的长期目标是相关的。

二 道德思维与个体行为关系研究新进展

莱斯特(J. R. Rest)在《儿童心理学手册》一书中提出了"四成分模型",该模型指出个体行为由四个心理成分组成,即道德敏感性、道德判断、道德动机和道德特征,这一过程包含了道德认知和道德情感,其中道德敏感对促进道德行为的发展具有决定性作用。② 林德(G. Lind)提出了道德行为的双面理论,认为只有当个体具备一定水平的道德思维能力后,才能转化为道德行为,一个人的道德态度很容易发生变化,但已成形的道德思维水平却具有较大的稳定性。他的很多实验也证明了个体只有具备较成熟的道德思维能力时,个体才能做出与自己的道德思维水平相一致的道德行为。布莱恩的道德自我认同模式,在肯定了不同道德思维水平与行为的关系后,注意到同一阶段的道德思维水平仍然导致不

---

① Kohlberg, L. and Turiel, E., *Moral Development and Moral Education*, Glenview: Scott Foreman Company, 1971, p.459.

② Walker, L. J., "The model and the measure: An appraisal of the Minnesota approach to moral development", *Journal of Moral Education*, 2002 (3): 353 – 367.

同行为的事实，但是通过提高道德思维能力可以预测更好的行为。沃克的道德人格理论认为，要全面解释道德思维与道德行为的关系，则需要更多关注道德心灵内部的因素。他认为人格变量便是沟通道德思维与道德行为的桥梁，虽然在研究方法中，沃克十分强调人格的重要性，但其中心在于研究道德人格中各组成部分的整体能否连接道德思维与道德行为中间的缝隙。为了探求道德思维中的情感因素对道德行为的影响，神经科学以研究大脑结构为契机，为我们打开了情感世界与行为连接的大门，关于这一问题，本文在后面的章节会做详细阐述，在此不再列举。

总体来看，虽然上文中关于道德思维与道德行为的关系的研究取得了一定的进展，但这些研究大多是从道德思维的某一层面展开，或侧重道德推理、或侧重道德情感。心理学的研究大多针对道德推理而展开，相对而言，道德情感的研究还比较薄弱。这主要源于目前道德领域没有对道德情感的存在达成共识，具体结构和内容仍不明朗。这也是将情感因素作为道德思维研究的主要突破口的原因，更是未来道德领域研究的趋势和方向。在研究方法和取样方面，上述研究大都局限在青少年时期的某一阶段，但研究成果不能解释青少年发展的各个阶段。值得肯定的是，情感因素不仅仅是道德推理转为道德行为过程中的中介，要更好地理解道德思维与道德行为的关系，整合既有的研究思路，重新定位道德思维的作用迫在眉睫。

第二章

道德思维概念及理论

　　道德思维概念及理论，即道德思维指导青少年犯罪预防与矫正的理论价值与意义，需要先明确道德思维本身。道德思维概念的提出虽始于哲学领域，但在后期的发展过程中，逐渐吸收了生理学、心理学、教育学、社会学等学科的研究成果，使道德思维的理论基础更为全面、深刻和科学。可惜的是，目前学界还未有人将跨学科的道德思维理论内容进行整合，这便为道德思维应用于实际问题的解决提出了挑战。因此，道德思维视角下青少年犯罪预防理论与矫正策略是多学科的，先厘清道德思维存在的条件，继而梳理道德思维的概念，并在了解道德思维相关因素的基础上，进行多学科的道德思维理论探究。

第一节　道德思维存在的条件

　　道德思维是人类与生俱来的一种能力，与人类的语言天赋极其相似。人类的伦理生活无时无刻不被道德思维所控制，这种能力要求人类不仅要忍受自己的痛苦，还要体验他人的痛苦。如同探讨语言天赋时，需要先了解人类的发声系统、字词和修辞手法一样，同样需要厘清道德思维的存在条件。道德思维的存在条件主要有两个方面：一是大脑器官等内在条件，另一方面是道德语言和社会规范等外在条件。首先，道德思维之所以成为人类的既有天赋，依赖于既有的道德器官，即大脑。正如人们无法找到两片完全相同的树叶一样，人们也无法经历完全相同的两次道德思维过程，因为从未发现两个完全一致的大脑器官。道德思维依赖于大脑进行"思维重构"，使道德思维呈螺旋状上升。这一观点在神经科学中被称为"神经重构",即人们身体每天会产生十万个新的脑细胞,若这些新细胞放置在那里不使用的话,最终将变成废品。当然,道德思维器官不仅依靠脑细胞的数量,灰质与神经元同样不可或缺。其次,语言作为大脑载体和社会建构的双重符号,代表着道德思维的发展层次和特定的逻辑思维方式。语言无论对道德思维主体、道德思维对象还是道德思维过程,都具有不可或缺的作用。最后,人类赖以生存的生活环境也是道德思维存在的必要条件,决定着一个人道德思维的水平与特点。

一 大脑:道德思维的生理载体

要探讨道德思维产生的硬件条件,首先要弄清楚人类道德思维的生理载体,即道德思维器官的形成与发展过程,继而讨论道德思维活动的生理机制,从而找到人类道德思维活动的规律。虽然道德思维器官与道德器官或思维器官在生理构造上雷同,都与大脑密切相关。鉴于道德思维器官是人类认识、把握和控制思维活动的载体,是关于道德养成与发展的思维,这就决定了道德思维与普通思维活动不同,本书试图从大脑构成、思维活动出发,由一般到特殊,找到道德思维独有的生理奥秘。

(一) 人体大脑结构

大脑作为人体进行思维活动最重要的器官之一,帮助人们处理各种错综复杂的问题。正如美国著名作家阿西莫夫所说:"人类之所以被称为地球上的统治者,仅仅因为受惠于一种重要的器官——人的大脑。"[①] 大脑的产生和发展经历了一个漫长而复杂的过程,也就是说,大脑不是从来就有的。从无到有,从动物的大脑进化为人类的大脑,其过程十分漫长。恩格斯在《自然辩证法》中说:"凡是有原生质和有生活的蛋白质存在和其反应的地方,这种有计划的行动,就已经以萌芽的形式存在着。"[②] 原始的单细胞动物在应对外部的刺激时只能做一些简单的反应,而多细胞动物不但有接受外部刺激的感觉细胞,还有具有执行功能的肌肉细胞,此外还有连接感觉细胞与肌肉细胞的神经细胞萌芽。通过不断演化,反应功能逐渐增加,特别到了脊椎动物阶段,便产生了大脑。大脑的产生,

---

[①] 朱长超:《挖掘大脑中的财富》,上海科学普及出版社2000年版,第119页。
[②] 《马克思恩格斯选集》第3卷,人民出版社1972年版,第516页。

是生物进化史上的重要里程碑之一，但最初形成的大脑容量非常小，如很多食草类恐龙的体重可重达几十吨，但大脑重量却没有人类的高。经过不断地进化，大脑有了高度的发展，如猫、狗等哺乳动物对外界的思维能力已达到认知心理学的表象水平。而早期类人猿其大脑结构与脑容量就与人类的大脑相类似了。科学研究表明，哺乳动物的聪慧程度与它们的大脑皮层关系密切，可见，大脑中的大脑皮层是思维发展的重要器官。为了探明思维活动的生理基础，各国科学家从人类学、神经学、心理学等诸多领域探讨思维器官与思维的关系。今天，每一个人都知道大脑是思维的器官，但长期以来，人类还将心误以为是思维的器官。让人非常直观地认识到思维的器官是大脑的例子是美国的连体儿，这对连体儿有自己的脑袋，但是合用一个身体，共享一颗心脏，但他们的性格、脾气却大不相同。另外，美国1848年某工人大脑受伤的例子，进一步证明了如果人的大脑发生变化，思维也会发生变化。总之，人的大脑是思维和智慧的发源地，是孕育着无穷潜力的神秘宝地，更是本研究追求人类道德思维的起点。

(二) 大脑皮层

人的大脑由左右两个半球组成，每个大脑半球表层有厚约2毫米的的神经细胞体，也称为灰质。因为人的大脑皮层布满了褶皱，有很多"沟"和"回"，这种起伏的构造大大增加了大脑皮层的面积。相对表层的灰质，大脑内部的实体属于白质，白质由神经细胞的神经轴突组成，其中还有相当数量的绝缘物质，将联结大脑各部分的神经纤维包裹绝缘起来，使之具备良好的信息传递功能。相比笼统意义上的大脑，大脑皮层才是包括思维在内的一切高级精神活动的生理载体。人类大脑皮层的面积约为1.5平方米，是其他灵长类动物大脑皮层面积的4倍。研究表明，大脑皮层才是人的思维器官。人的大脑皮层的不同区域执行着不同的功能，即感觉区、记忆区、语言区、运动区等，在人类的思维的过程中，各个分区的功能相互协调，共同工作。人类每天的谈话和交流，看起来非常容易，却需要大脑皮层进行复杂的活动。人们把自己听到或看到的各种感觉信息，与大脑中原来储存的信息和经验进行联系，进而进行思维活动，揭示出那些用直接感知不能发现的事物本质。大脑皮层的前额叶部位是记忆活动的中心，其性质就像一个信息存储器，负责积累和对比任务。一个大脑皮层额叶受损的病人，由于没有了记忆信息便不能正确思维，更不能运用已有的经验和知识去指导自己的生活。例如老年痴呆症作为一种思维疾病，表现为记忆丧失，行为失常，思维混乱等，最终，科学家们发现患上老年痴呆症的病人，其大脑皮层中有一种叫作乙酰胆碱的物质显著减少，致使记忆力丧失与思维失常。可见，大脑皮层可以让人们体会到社会生活的微妙之处，它有能力让我们感受情感。虽然右半球负责直觉、道德情感以及与他人的联系，左半球则掌控着理性、语言。但在实际的思维过程中，人们很难区分理性与感性，或许只有将两者结合起来，人类的思维活动才会显得更加生动，人类的生活也会更加多彩。

（三）镜像神经元

在了解人类大脑皮层基本情况后，还有一个困惑没能解开。那就是人们可以用计算机模拟人类大脑皮层的所有结构，但是为什么程序化的大脑皮层没有人类的道德性。人类又是如何运用情感来调试自己的思维活动，使其更符合道德规则。这还需要了解大脑皮层中一个重要的神经元——镜像神经元，它能帮助我们找到人类道德思维活动的真正源泉。1995年帕尔玛大学的神经科学家贾科莫·里佐拉蒂发现，移情作为一种心理机制要通过镜像神经元进行传达，即镜像神经元是人类进行模仿学习的基础，也是人类获得共情能力与社会交往能力的基础。有了镜像神经元，人类的公共生活才成为可能。镜像神经元不是让人们去逻辑推理，而是以模仿的形式来理解他人的想法，镜像神经元将人们看到的信息原封不动地绘制到运动神经元上。这种模仿活动不仅会记录动作让人们学习和模仿，还会记录痛苦，从而习得情感，不断丰富自己的道德系统。情感创造了人类的伦理生活，因为人们学会了对他人的行为给予足够的关注，学会尊重他人。人们选择做一些事情，或者不做，都源于对他人的理解。当人们面对悲惨的过去，如果选择遗忘，悲剧可能会再次上演，但如果不遗忘，人们便会抱着憎恨活着，可喜的是，镜像神经元还有超越的功能，能够用曾经美好的记忆区超越痛苦的回忆。可见，镜像神经元不是单纯意义上的移情和模仿，其生理过程与一般思维活动一样复杂。此外，镜像神经元虽然让人们对他人的痛苦感同身受，但还是不如自己亲自经历般深刻，那是否意味着人们需要对他人的痛苦感受超过一定的程度，才能真正转化为真正的道德行为，或者提高自己的道德思维意识以便能够真正关心他人的痛苦。镜像神经元很容易被激发，那是否说明也很容易被遗忘，既然镜像神经元主要依靠大脑皮层的感知功能，难道人的道德思维活动是感性的吗？

二 语言：道德思维的交流中介

语言是人类精神世界奥秘的钥匙，弄清语言，也就打开了思维的大门，从而沟通了人的内在世界与外在世界的交流。语言作为人类在群体生活中所创造的、人与人之间约定俗成的信息沟通符号，通过语言，人们能够辨识伦理道德，还可以使用语言来建立道德系统，成为社会成员之间重要的信息和情感纽带，并为道德思维活动提供交流渠道，使抽象化的伦理道德观念得以具体地表达和传播。

（一）语言与思维的关系

语言与思维的关系是语言学中极为重要的基本理论研究课题之一。主要理论有：行为主义学家华生的"思维律"，他认为思维是运动的言语，当心在思考时，就是在和自己说话；符茨堡学派认为思维是一种精神行为，它们本质上并没有关系，属于外部联系；马克思认为思维和语言具有统一性，人类的思维就是语言的思维，语言离不开思维，同样思维也离不开语言；巴甫洛夫认为，人类对于外部世界的感知属于第一信号，言语是第二信号，从而形成人类特有的复杂思维；维果斯基认为思维不是表现在语言中，而是靠语言来完成的。上述理论的共同点都认同语言与思维的密切关系，但语言和思维发展的关系到底是什么，各派学者至今未能形成统一的观点。萨丕尔和沃尔夫提出了语言相关性假说，他们认为全世界的语言具有不同的结构，是否意味着运用不同语言的人的思维不同。随后，语言普遍性论者提出了和相关性假说相反的理论。传统语法学家托马斯提出，人类具有语言学上的普遍规则，即语言所具有的基本特征是主要的。皮亚杰认为思维独立于语言而存在，因为语言在人的表象思维活动中起到的作用很小，更不是逻辑本身的来源。虽然不同理论关于语言和思维的具体关系研究还存在较大的分歧，但可以得出以下结论：语言丧失对一个人的思维是有影响的；在学习语言的过程中会促进思维活动的发展；对语言的理解程度影响着思维活动本身；语言结构和思维结构存在一定的密切关系。在探寻道德思维的过程中，无法避开语言这一重要因素。婴儿自出生之日起，便用自己的体验来获得道德感知，吃饱了是开心的，饿了是焦虑的。虽然婴儿还没有学会用语言来总结自己的道德感受，道德思维却已萌芽，后期的语言学习，使道德感受与道德规则完美结合，不断丰富着人类的道德系统。

（二）道德语言在道德思维中的作用

斯蒂文森（Stevenson，C. L.）情感主义伦理学作为20世纪30年代最重要的一个伦理学学派对道德与语言及情感的关系论述具有重要的奠基作用。斯蒂文森认为不能将个体价值判断的差异归咎于情感，并进一步提出"信念分歧"和"态度分歧"两种分歧理论。信念分歧是指双方各执己见，一方面坚持自己的观点，而另一方面又反对对方的观点，为了坚持自己的观点，寻找论证观点成立的证据。此外，当一方试图改变对方的观点时，也就是说两者存在态度上的分歧，这也就是斯蒂文森提出的"态度分歧"。就两个理论的关系来看，信念一致会影响态度一致。在典型的道德争辩中，任何命令式的祈使句，人们都可以进行质疑，最常用的句子是"这是为什么呢？"伦理学中将这种情况称为"替代证明"，斯蒂文森称之为"支持性理由"，"支持性理由"的使用是为了改变对方的信念，从而消除分歧，达到意见一致。在日常生活中，人们不同的判断、认识和喜好导致分歧的产生，但是信念的一致，可以导致态度的一致，也就是整个社会价值系统对人们道德养成的重要性。斯蒂文森讲道："在价值判断上的这些分析，有些是情感方面的，有的则不是情感方面的，是属于信念方面的。"[①] 这句话告诉人们，外在理性原则可以改变一个人的信念，而不能直接改变一个人的态度。故道德语言在道德思维中的作用属于改变信念的层面，在语法的使用上大多为祈使句，与简单描述一件事物的特征不同，具有劝导性、鼓励性、改变性、纠正性，或赞扬，或谴责。因此，道德语言具有强烈的语言目的和情感意义，其主要任务是影响或改变他人的情感、选择、态度，道德语言与一般语言的最大不同，便是其与生俱来的情感性和理论性，这也为创新个体道德思维

---

① ［美］斯蒂文森：《伦理学与语言》，姚新中等译，中国社会科学出版社1991年版，第10页。

活动找到了抓手。

具体来看,道德语言在道德思维中的作用有:一是提供道德思维活动标准。在人类历史进程中,不断积累的普遍化的规则和秩序需要用道德语言的形式进行概括和总结。即人们应当怎么做、什么是对的、什么是错的、什么是正义的,道德语言就存在于人们的生活中,是人类生活经验的总结,本质上并不神秘。有了道德语言,人们可以在极短的时间内对所在地区的道德文化情况有详细了解,就算不依靠面对面的交流与体验,透过道德语言,人们的道德思维活动也会获得有益指导。二是为道德思维活动提供标准。正如没有秩序的自由不是自由,没有规则的游戏不是游戏,道德语言作为道德思维活动的标准,使道德思维活动呈有序、科学的方向发展,而不是随个人喜好和情感变化而变化。三是使抽象化的道德思维活动得以表述。如果没有道德语言,人类情绪化的情感因素则不能得以总结和表达,语言化的道德思维可能被道德主体更好地理解,人的社会化过程就是不断接受、消化和理解诸多道德信息的过程。四是作为道德思维信息储存的主要形式。道德语言有时是书面的,有时是口语化的,有时是在内心表达,无论何种形式,都是个体道德思维储存的信息。一个人道德思维所储存的信息多少、内容性质决定着道德思维活动的结果。例如:一个从小接受尊老爱幼道德品质熏陶的孩子,在面对孤独老人时,大都会伸出援助之手。五是调整道德思维活动的重要因素。因为道德语言在道德规劝和道德态度改变中发挥着积极作用,道德语言作为调整道德思维活动的力量,促使个人具有明辨是非的能力,从而改变自己的态度。正如斯蒂文森所说:"自我规劝是一种可以使某些冲动由于羞愧而沉默,另一些冲动由于获得支持而更加活跃的自言自语的劝导方式。无论在思虑过程的任何阶段,相应的文字表达都会给占优势地位的态度增加更大的力量。"[①]

三 社会:道德思维的环境因素

(一)社会实践活动:道德思维存在的外部条件

马克思指出:"从前的一切旧唯物主义的主要缺点是:对事物、现

[①] 《马克思恩格斯选集》第3卷,人民出版社1972年版,第576页。

实、感性，知识从客体的或者直观的形式去理解，而不是把它们当作人的感性活动，当作实践去理解，不是从主观方面去理解。所以，结果竟是这样，和唯物主义相反，唯心主义却发展了能动的方面，但只是抽象地发展了。"① 既然人是社会的人，社会是人的社会，那么人与社会的交互关系便是整个社会发展最重要的助推器。正如马克思哲学的起点是从事实践活动的个人，终点却是全面发展的人，可见，社会实践活动是个体成长的主要手段，是道德思维发展的重要环境因素。值得指出的是，社会道德文化体系对个体的道德思维养成发挥着不可替代的作用，它是个体道德思维的参照标准。只有将个体置身于外部社会道德文化环境中，使道德思维进一步社会化，才能实现个人与社会的融合。没有谁可以脱离外部的道德文化环境，若不接受和秉承前人所构建的道德体系，便无法正确处理自己与他人、个人与社会、个人与自然的关系。使个人的道德价值体系与社会主义核心价值观相契合，并且为整个社会的进步和发展贡献力量，也是当下党和国家对青少年提出的要求与期望。在寻找道德思维发展的存在条件时，如若抛开外部社会环境因素影响，就会产生像狼孩一样的情况，故本书所探讨的道德思维，是完整意义上的，包含道德思维发展的所有条件。

（二）道德教育：道德思维发展的催化剂

我国古代的思想家、教育家孔子十分注重道德教育，他认为成为贤能君子的首要条件便是具有仁、义、礼、智、信等道德品质。他讲道："弟子入则孝，出则悌，谨而信，泛爱众而亲仁，行有余力，则以学文。"② 古代社会认为道德教育排在首位，其次才是知识教育，知识教育更多的是为道德教育而服务，为了使学生运用知识掌握明辨是非的能力而存在。与孔子几乎同时代的古希腊思想家苏格拉底也论述了道德对于个人成长的重要性及构建道德思维的方法。其中"美德即知识"是苏格拉底伦理学的重要命题，也是整个希腊古典学派的道德教育的核心。可见，东西方的教育思想家都将道德教育放在了极其重要的地位，根本原因在于道德教育的强大功能，是个体道德思维发展的催化剂。现阶段，

---

① 《马克思恩格斯选集》第1卷，人民出版社1972年版，第16页。
② 杨伯峻：《论语译注》，中华书局1990年版，第48页。

道德教育的内涵和外延不断丰富，有家庭德育、学校德育、社会德育等形式，不同德育形式对青少年营造了一个功能强大的正面影响。这些正面影响可以帮助青少年控制自己的情绪、抑制不良行为、陶冶情操等，即道德教育是社会环境因素的具体形式，能够促进个体道德思维发展的速度和深度。同样，道德教育还可以作为改变个体道德思维发展的手段，通过道德教育改变一个人的信念，继而改变态度，达到矫正道德思维的目的。道德思维视角下青少年犯罪预防，最终的落脚点便是道德教育本身。与一般道德教育不同，道德思维视角下的道德思维教育，更加关注道德思维活动，符合个体道德思维的一般规律，是道德教育的一次创新尝试。

第二节　道德思维概念界定

一　道德思维的概念

在上文中，本书探讨了道德思维的存在条件。接下来，道德思维到底是什么，它的内涵和外延，它的基本特征，与其他思维形式的区别等内容需要进一步厘清。首先，道德思维是关于道德的思维，故需弄清道德的含义；其次，道德思维是一种思维形式，具有一般思维的基本特征，需了解思维的一般内容；最后，道德思维作为特殊的思维形式，被赋予了特定使命和理念，具有崭新的内容和意义。

（一）道、德、道德

谈到道与德，便要从《老子》说起，《老子》开篇便提到："道可道，非常道。"[①] 老子认为可以用语言表达的道不是常道，这也正说明了"道"的内容之大、之多，既然"道"无法让人类感知，无法用语言表达，它作用于人与物后表现出来的有形的东西便是"德"。道与德属于辩证关系，相互体现、相互成就、相互存在，人类学会了以道之名，赋予德一定的范围，久而久之，道、德合体，道德成为人们自己创造出来的文化形态之一。人们无须从字面意思来了解道德的含义，如果弄清了文化的起源，便会明白道德的本质是什么。历史唯物主义学家从社会关系

---

① 任继愈：《老子绎读》，商务印书馆2009年版，第10页。

决定论的视角提出:"道德是人类发展到一定社会阶段的产物,随着生产分工增多,进入氏族公社时期后,道德才从一般社会意识中独立出来。"① 这一定义虽然解释了道德产生的社会性,却没有具体阐明道德究竟是怎么从一般社会意识中独立出来的。如果说最高的一般社会意识就已经含有道德的内容,是否说明道德的产生比人们想象中早呢?本书认为对一个人道德品质的要求和规范,并能用抽象的语言进行概括和总结,是道德产生的重要标志。其主要功能在于为人与人之间的行为方式提供标准,使人们能够按照一个统一的道德标准约束自身行为,进而促进整个社会的有序发展。为了进一步弄清道德的含义,人们可以了解非道德的内容。非道德人的行为是依赖自己的本能和欲望,率性而为,不考虑外部社会道德文化的要求。可见,人们要进行的道德思维活动是符合社会行为规范、与人为善、和谐人际关系的思维方式。

(二)思维

思维的概念主要存在于心理学、逻辑学和哲学三个学科之中。心理学意义上的思维主要是指思维的过程机制与品质。在心理学上,思维实际就是具体科学的具体的研究对象,是人类心理的一种重要活动。如"思维是人脑对客观现实的概括和间接的反映,它反映的是客观事物的本质及其规律性联系。思维是人类认识的高级阶段,它是在感知基础上实现的理性认识形式"。② 逻辑学意义上的思维主要是指思维的形式和法则。如"思维由思维内容与形式结构两方面组成;思维内容就是概念、命题、推理的思想内容;思维的形式结构:是指命题和推理本身各部分之间所共同具有的联结方式"。③ 哲学中的思维则是与存在相对应的人的认识系统。如"思维是物质运动的最高级的形态,是人脑的机能,是人脑对客观事物的反映,是人类认识的高级阶段"。④ 虽然学术界关于思维的看法还不统一,但对思维的定义都是从思维的目的与功能出发,即思维是什么的表述。但本书从道德思维视角探讨青少年犯罪预防,侧重于了解道

---

① 朱贻庭主编:《伦理学大辞典》,上海辞书出版社2002年版,第19页。
② 王雁主编:《普通心理学》,人民教育出版社2002年版,第162页。
③ 孔庆荣主编:《法律逻辑学基础》,中国法制出版社2007年版,第2页。
④ 赵光武:《思维科学研究》,中国人民大学出版社1999年版,第109—112页。

德思维的生成过程，即如何思维的问题。根据道德思维的生理载体——镜像神经元的机制，思维的过程就是已知和未知不断进行类比和判断的过程，类比是思维的重要程序，已知便是既有储存的信息，未知是指与思维主体相对应的客观事物。

二 道德思维的本质特征

重新定义道德思维概念之前，需要了解国内学者关于道德思维的定义："道德思维是从道德感知到道德观念，从外在要求到内心信念的桥梁，它使主体摆脱片面性、偶然性而进入全面性、必然性领域。它是人的主体性、能动性在道德上的集中体现，是人类完善自身、发展自身的必然途径。道德思维把个体和群体、意识和行动联系起来，它使人超脱于饮食男女之欲的低级需要，形成完善自身的高级精神需要。"① 可见，道德思维是德性的思维、正确的思维。此外，唐凯麟还给出了一个定义，"所谓道德思维，是指根据道德感知而进行的理性思考和推理，是对道德现象的本质、特征、内部联系和发展规律的认识过程"。② 这个定义将道德思维局限于理性层面，那是否说明道德思维不需要感性。人们依靠镜像神经元感受他人的痛苦，有了内疚和羞愧，这些感性因素在一个人的道德思维过程中也发挥着作用。许尔忠给出的定义为："道德思维就是在道德意识产生、发展中个体思维的有效参与，并由此形成的思维习惯。换句话说，就是道德个体在从知到情、意，再到行的整个修养、实践过程中，按照符合一定的社会要求的道德原则进行思考和判断，制订行动方案，选择善恶标准。"③ 李建华将道德思维界定为一种心理过程。道德思维是一种从"实然"到"应然"的跨度思维。它以讲"应该""不应该"为价值特征，以规范形式来把握道德现象、创造新的道德生活和道德知识的心理过程。④

相比以上几种定义，黄富峰关于道德思维的概括更加注重道德思维

---

① 唐凯麟：《伦理大思路》，湖南人民出版社2001年版，第563页。
② 唐凯麟：《道德思维引论》，《湖南师范大学社会科学学报》2001年第2期，第16页。
③ 许尔忠：《论道德思维》，《人大研究》2001年第6期，第27页。
④ 李建华：《简论道德思维》，《湘潭大学学报》（社会科学版）1991年第1期，第38页。

如何进行而展开，将道德感知与理性思考结合起来，并强调个体通过道德思维活动进行自我调适的功能。具体定义为："道德思维是思维的一种特殊样式，它是主体根据道德感知而进行的理性思考和推理，是对道德对象的本质、特征、内部联系和发展规律的认识过程。在此过程中，主体对道德实践活动对象进行感知、判断和推理，形成某种道德观念和道德理念，并对自我的处境、道德观念和理念进行内在的反馈和调适，从而使道德实践活动顺利进行。"① 综上，本书拟将道德思维作如下界定：道德思维是人类先天独有并随着年龄增长在动态过程中不断完善的一种思维。道德思维具有感性和理性两个层面，通过类我和内我思维方式共同完成对道德现象的认识、判断和推理活动。道德思维作为一种德性正确与善的思维形式，对个体的道德行为不断进行完善与调适，从而符合社会道德价值体系的要求。道德思维的发展过程也是人类控制道德思维的尝试，发展程度受到外界因素的影响。

第一，道德思维是人类先天独有的能力。即道德思维是人类独有的，动物不具备这一能力。这主要依赖于人类复杂的思维器官大脑皮层与镜像神经元的作用。其次道德思维是人类既有的，由于人类思维器官的先天性，人类天生具有这一能力，但道德思维的发展也受制于思维器官的发育和成熟。第二，道德思维的发展是一个动态的过程。前面讲到道德思维的发展受制于思维器官的发育和成熟，还受到外部因素的影响与作用，这就决定了人类的道德思维不是静止不变的，它随着人的年龄增长和外部因素的影响而发生变化。可以说，道德思维的发展是人类自身思维器官成熟与外部干预的动态过程。第三，道德思维的发展是可控的。青少年的道德思维还处于尚未定型的阶段，如果任其发展，这个过程较为缓慢。如果能充分利用青少年所处的环境及教育实践活动，便可以加快道德思维的发展，从而避免青少年时期容易出现的一系列问题。第四，道德思维的发展决定了人的认知、情感和行为。道德思维作为上层建筑，是人类最高水平的能力。它决定着一个人的认知、情感与行为，特别是青少年的道德思维还未定型，极易导致犯罪行为的发生。这也能很好地解释青少年犯罪行为大多是短暂性的犯罪行为，一般不会持续到成年的

---

① 黄富峰：《道德思维论》，中国社会科学出版社2003年版，第18—19页。

原因。可见，道德思维是个人道德能量的核心，起着参与、支配一切行为活动的作用。一个人如何选择、如何行动，主要看他有着怎样的道德思维。青少年犯罪的出现是一种特定时期的行为，既然是青少年时期特有的犯罪，就要考虑青少年特定时期的思维状况。社会是任由青少年道德思维随着时间的推移逐渐发展，还是恰当干预，这也是本书以道德思维为契机进行青少年犯罪预防与矫正研究的出发点，基于道德思维理论的青少年犯罪预防与矫正研究必将成为预防矫正研究理论中的重要一员。

三 道德思维与其他思维的区别和联系

（一）道德思维与法律思维

谈到道德思维，人们相应地会想到法律思维。事实上，在人类法治化进程中，法律思维与道德思维的关系一直是人们激烈讨论的话题。在此，撇开思维不谈，先只看法律和道德这两个常谈常新的概念。法律主要依靠国家强制力来保障，而道德的实现主要依靠社会舆论和长期形成的道德价值来约束。故与法律思维不同，道德思维更加注重个体内在的观念形成，是一个人隐形的品质，无法用工具衡量。在公、检、法机关的诸多案件中，很多都是犯罪未成年人在毫无自制力的情况下犯下的错误，法学界的学者倾向于犯罪未成年人法律思维的原因，但在我国两千多年以儒家思想占主流的传统宗法社会中始终认为道德的约束力高于法律。现代社会，这种思维方式依然在左右着中国人。倘若在治理国家和社会安定角度，很难比较法律思维与道德思维主次，若放在问题青少年教育矫正管理领域，则会有不同层面的意义。进行青少年犯罪预防研究，防微杜渐体现在以下几个方面：一是强调自身的义务和约束；二是因材施教，针对不同地域、文化、民族特点的道德思维培养；三是突破法律程序的烦琐和限定，青少年在日常生活中对问题进行决定；四是青少年行动情况不在于外部法律强度，而关乎自我内心，也就是强调个体的主观能动性。但是，本书也意识到道德思维对法律思维的干扰是存在的。但是在青少年教育矫正管理领域，法律思维与道德思维有其共同的使命，在进行青少年犯罪预防研究的过程中，必然要提高对道德思维的关注。

（二）道德思维与科学思维、艺术思维和宗教思维

道德思维与科学思维、艺术思维、宗教思维一样，都是经过思考后

所产生的对外部世界的判断和认识，其区别在于思考和逻辑组织的方式不同而已。科学思维强调的是逻辑上的严密，实行分析研究与综合比对相结合的方法，使结论不仅要与实际情况相一致，还要符合历史的发展规律，从而实现逻辑与历史的一致。艺术思维是指依靠直觉、想象、情感体验等形象思维，与抽象思维经过复杂的辩证关系构成的思维方式。宗教思维是依靠对宗教的信仰，对世界进行变相的反映。道德思维的把握通过"我"进行善的思维，推动着自身从实然到应然的转变。可见，道德思维与其他三种思维最大的不同便在于其通过自身认识世界，用"我"的善，来感知"他人"的善；用我的"痛"，来感知"他人"的痛；即用"我"来完成对外部世界的探究和认识。这样的认识方式，并不是要让"我"去实践中体验，因为人类的特有的道德思维器官——镜像神经元，人类可以在自己的大脑中进行实践，故道德思维感知世界的方式，还具有影像性的特点。但科学思维、艺术思维与宗教思维则离不开人类的社会实践活动，并从社会实践中不断丰富对以上意识的认识和了解。此外，还可以换一个角度去理解，道德思维是在实践他人的实践而进行的实践活动，这也赋予了道德思维这一特殊思维方式独有的生命力，是道德思维与其他一般思维形式的区别所在。或许有人会质疑道德思维属于唯心主义范畴，虽然道德思维强调在大脑中实践他人的实践，但却不是完全意义上大脑的内部活动，需要个体在特定的人际关系和道德困境中进行，还需要个体亲自体验外部道德活动的信息反馈，主动参与到道德活动中去。

第三节　道德思维的相关因素分析

一　道德思维的发生发展

（一）个体道德思维的发展阶段

个体道德思维的发展受到诸多因素的影响，是一个渐进的过程，由较低层次逐渐向高层次发展。要想对个体的道德思维进行适当的干预，需要了解个体道德思维发展的阶段。几十年来，西方的认知发展心理学家从个体认识的角度基于大量针对儿童和青少年道德判断的实证研究，形成了一系列道德发展阶段的理论。值得指出的是，这些实证研究只是揭示了个体道德判断的发展阶段，但道德判断作为道德思维的重要表现形式，是可以科学反映道德思维的实际状况，这一观点本书会做详细的解释。首先在儿童道德发展阶段理论中作出开创性贡献的是瑞士心理学家皮亚杰，他将儿童的道德发展划分为四个阶段：第一阶段是"前道德阶段"（2—5岁），这一阶段的儿童缺乏自觉性，表现出自我中心的倾向；第二阶段是"他律道德阶段"（5—8岁），该阶段的儿童表现出对外在权威的尊重和服从，道德判断的依据以权威为主；第三阶段是"初步自律道德阶段"（8—10岁），该阶段的儿童对道德的思维有了守恒性和可逆性，逐渐从他律转入自律；第四阶段是"自律道德阶段"（10—12岁），这一阶段的儿童的公平、正义感得到了发展，可以达到道德的自律。

以"发展论"者自称的加拿大学者罗比·凯斯将个体的思维发展划分为四个大阶段，每一大阶段包含着若干小阶段。第一阶段为感知运动阶段：1—4个月为第1亚阶段，4—12个月为第2亚阶段，12—18个月为第3亚阶段；第二阶段为相互关系阶段：1岁半—2岁为第1亚阶段，2—3岁半为第2亚阶段，3岁半—5岁为第3亚阶段；第三阶段为维度阶段：5—7岁为第1亚阶段，7—9岁为第2亚阶段，9—11岁为第3亚阶段；第四阶段为抽象维度阶段：11—13岁为第1亚阶段，13—15岁半为第2亚阶段，15岁半—19岁为第3亚阶段。科尔伯格以两难故事法为基础，构建了道德发展阶段模型，由于道德两难不是让儿童进行道德选择本身，而是考察其选择背后的理由，故科尔伯格的道德发展阶段的划分与本书所要探讨的道德思维发展具有较强的一致性。具体划分为三水平六阶段，第一为前习俗水平（0—9岁）：包括服从与惩罚阶段和利己主义阶段；第二为习俗水平（9—15岁）：包括好孩子定向阶段和维护权威阶段；第三为后习俗水平（15岁之后）：包括遵守法律阶段和良心定向阶段。①

各国学者对于道德思维的发展阶段划分表明：个体道德思维的发展随着年龄及自身环境影响呈螺旋式上升；青少年的道德思维发展在整个人生中发挥着重要作用；个体的道德思维发展具有关键期；虽然学者们

---

① 江志华：《"社会键"理论与青少年犯罪预防》，《当代青年研究》2004年第6期，第23页。

通过大量实证对个体的道德思维发展阶段进行了年龄划分，但在实际生活中个体的道德思维发展会呈现出超前或滞后的状态。这也是本书不赞成简单使用心理学道德发展阶段论来解释道德思维的原因，既然儿童的道德判断水平随着年龄的增长而逐渐成熟，那能为学者进行道德思维能力培养的干预活动留下多少空间，对于那些道德思维发展超前或滞后的青少年，又该如何干预。阶段论本身是否能够说明个体道德思维发展的内在运行机制和规律，阶段并不是规律的简单体现。故对道德思维的把握和理解，不能停留在道德阶段论，需要更为全面和深入的探讨。

(二) 道德思维的"动"与"静"

道德思维作为人类既有的道德能力，并不是一成不变的或只从低向高发展。虽然道德思维帮助人们消除了自身与他人之间的障碍，让个体去经历他人的一切，其过程就像自己内心感受一般，是造物主给予人类的宝贵财富。但实际上，道德思维的发展也会倒退甚至萎缩，这源于镜像神经元若长时间不接受刺激和反应，便会处于休眠状态。特别是在信息化社会急速发展的今天，人与人之间变得很近也很远，"近"源于：人们生活的大多数用品都需要他人制造，所得到的服务更需要他人的配合。"远"源于：一个手机或一台电脑便把人们变换成两个世界的主体，人们可以在屏幕的一边观察世界的所有悲欢离合。这里有一个问题需要厘清，就算是透过屏幕，人类的镜像神经元仍然可以为之启动，但是短暂的共情之后，个体会意识到自己什么都做不了，这与人和人之间面对面的交流有着本质的区别。本书并不是认为信息化时代使人类变得冷漠，其实中国的"看客文化"由来已久，大家都奉行"各人自扫门前雪，莫管他人瓦上霜"的信条。近些年来，见死不救、见危不助的事情也经常被各大媒体曝光。具体到犯罪青少年群体，他们中一些人冷漠程度令人发指，在对待别人的痛苦时能将自己置身事外，这属于典型的外我思维。故冷漠本身也体现了道德思维的匮乏，更说明了道德思维的"动"与"静"。正如孟子的观点，恭敬心、是非心、同情心、羞耻心是人类本身固有的，只是人们很少去感受而已，故人类不能拥有这份上天给予的恩赐就不懂得珍惜，因为这一能力会自己悄无声息地溜走，但人们也不必感到灰心，道德思维具有重塑的功能，这一点将会在下一章具体展开。

(三)道德思维发展的关键"键"

关键"键"概念的提出受启发于"社会键",如同"社会键"所描述的控制人们不犯罪的四个关键要素,不论哪一个要素遭到削弱,都会影响犯罪行为。关键"键"是指个体在道德思维发展过程中,能够保证道德思维顺利发展的关键因素,这些关键因素并不是完全割裂的,前一项因素的完善与否会直接影响下一个因素的获得。第一个关键"键"是爱的能力,母亲充满爱意的注视让我们了解自己是被爱着的,人类从母亲的面部表情中了解着世界,特别是母亲的注视,就像孩子确认自我存在的一面镜子,这就是最早的、最无言的道德思维对象。母亲与孩子之间的视觉互动开启了人类的道德思维器官,当婴儿逐渐长大,这些最初的依恋便会导致个体的行为与道德思维器官发生特定的联系。依恋理论的创始人、心理学家约翰·波尔比认为,当孩子找到自己的安全基础时,他们便学会了情感的顺应,并逐渐学会放弃、奉献和信赖。第二个关键"键"是团体生活,人类依靠集体行为而获得成长,人们生活在家庭、学校、社区、城市或国家,群体心理会给大脑一种非常深切的快乐感。虽然人们不得不与陌生人共处,但人们会首先对自己亲近的人施以援手,然后再将目光转向他人,移情的边界会慢慢扩大。值得指出的是,团体生活也会限制个人道德思维的发展,即小团体主义和狭隘的群体观念,为了区分不同团体,人类甚至为其他团体及团体成员贴上异类的标签,这种行为会阻碍道德思维活动的进行,这一观点同样会在论文的下一章展开论述。以上两个关键"键"是个体道德思维发展的重要因素,没有时间和地域限制,交叉存在于人类的日常生活中。如若对道德思维进行干预,离不开对这两个因素的把握和分析,更是未来道德思维干预活动的基础。

二 道德思维的表现形式

道德思维作为哲学概念最先提出,但人们以科学的研究方法来探究道德思维活动却始于道德认知与道德判断。若要对道德思维进行深层次的分析,需要了解道德的两个表现形式。

(一)道德认知

个体道德思维的形成与发展是从道德认知开始的。当个体面对一定的生活情境和道德选择时,首先要对具体情况进行感知,从而加工成一定的道德印象。经过这些道德感知和自身固有的道德价值标准进行对比加工,从而达到道德思维的层面。其次,个体道德的形成也是依靠道德认知,学习和认可社会的道德准则,并形成自己的道德观念和价值准则。个体在学习和认可社会的道德准则的过程和人要学会按照自己所处的集体准则自觉行动,必须首先对那些道德准则有所认识,了解道德概念和语言,才能形成一系列的道德观念。因此我们在探讨道德思维的时候离不开道德认知。道德认知是人们对社会道德现象、行为准则及其意义的认知,即在人的道德意识中反映或观念地再现道德现象的过程。[1] 从道德认知的形式来看,道德认知是关于道德责任和义务的理解,关于道德规则的理解,关于社会伦理善恶的理解等。总体来讲,道德认知带有较强的感情色彩,那究竟什么是情感,它们又如何对道德行为产生影响呢?畏惧、厌恶、内疚、愤怒等都是人体内的神经结构,必然会作出相应的刺激反应。例如,我们无意中伤害了别人,会感到非常内疚,这种内疚感会让人觉得很痛苦。可见,在这起道德事件中,个体的道德认知与自己内心的本能情感联系在一起,道德认知除了表现为对外部主体的认识,还表现为个体本能情感的直接回应。

有人可能会质疑,既然道德认知与潜在的情感联系紧密,那是否说明道德认知具有不可控性和随意性。道德认知使情感具有道德性,因为道德认知可以调整个体本能情感的多少和强度。虽然情感存在于大脑内部,但人们可以自行决定使用哪一种情感来认知世界。人们会以责备他人、同情他人、鼓励他人或者完全基于自我的本能情感开展认知活动,即道德认知活动不是完全客观的,也不是情感一边倒,人们无法区分道德认知的理性和非理性,就像无法区分道德判断一样,这一点会在道德判断中具体表述。本书之所以在探讨道德认知时,将情感作为重要对象而论述,一方面鉴于情感记忆是人类早期的道德思维信息,在进行道德思维过程中,人们将自己内部已有的信息和外部新信息进行对比时,对比内容更多是情感的比较。例如面对一个饥饿的孩子,人们脑中会出现自己饥饿的感受,道德思维比人们想象中更为形象。另一方面,道德认

---

[1] 易法建:《论道德认知》,《求索》1998年第3期,第74页。

知以情感的方式进行交流，在人类还未准备好认知时，便已经在进行道德认知的活动。在现实生活中，面对纷繁复杂的世界，人们需要在高度不确定性中进行矛盾选择，人的道德认知能力会超负荷运载，看似没有得出道德认知的结果，却实现了情感先行。道德认知中的情感部分相信自己所看到的一切，这也是它不可靠的地方，虽具有一定的主观性，却也是道德思维不可或缺的部分。

（二）道德判断

在日常生活中，人类对道德的反应不一定是有意识的，有一些需要人类临时进行道德判断，更多的道德反应属于无意识状态。人类有太多的不假思索，外在的道德行为规则和习惯进入大脑的道德思维信息库中，可以保障人类随时进行道德回应。作为道德思维表现形式之一的道德判断，是指个体道德品质的自觉遵守或者说对道德规范的思考性的遵守，判断结果归咎于个体的自我意识和自我反省。可见道德思维是有根据的思考，思考的过程是个体已有道德信息和未知情境的交叉和博弈，思考的结果又会成为新的信息而进入道德思维的储存空间。关于道德判断的本质特征，学界有较大的争议，很多学者认为道德判断必然是理性的。孙如枫认为："从认识论和伦理学、逻辑学、心理学的结合点上探讨道德判断，它是道德感性上升为道德理性的一个认识环节，是对道德现象有所断定的一种思维形式，是从道德初识通向道德形成的一座心理桥梁。"[1] Damasio 对前额叶损伤的病人的研究发现，他们直接根据情绪作出了道德判断。随之，越来越多的研究表明，道德判断包含非理性加工的成分。其中 Hadit 虽首次提出道德判断包含非理性加工，但他却并未偏执地强调非理性，他认为道德判断是理性和非理性的结合体。事实是，如果人类从未表现出非理性，那么人类的生活是无趣的，没有惊喜可言。当人们不需要严格理性思考时，大脑便会随机应变想出事情的解决办法。因为人类的直觉和信念基本不受理性思维的影响，虽然人们事后会给自己找到各种理由进行辩护，但事实上，这些理由只是大脑下意识的情感反应罢了。

本书需要进一步探讨感性和理性的碰撞，从道德两难故事中可以看到，如作出判断，需要使理性和情感发生激烈的对抗。按照功利主义的

---

[1] 孙如枫：《论道德判断》，《江西社会科学》1995 年第 4 期，第 21 页。

标准，即为最多的人提供最大的利益，但是大多数人在内心里并不功利，人们具备相同的道德思维移情能力，可见道德判断本身是一场理性与感性的对抗战。以上是关于道德判断理性与非理性之争，还有些学者较为关注道德判断的依据是什么，是否依据道德行为的后果，还是其他因素的影响。大多数人倾向于后果决定论，针对青少年犯罪问题，认为只要青少年意识到后果的严重性，便不再会进行犯罪行为，知法犯法的原因是犯罪的后果还不够严重导致的。康德认为道德判断是根据道德行为的手段作出的，也有学者认为道德判断是根据道德行为的目的作出的。人们可以清晰地看到，根据道德行为后果作出的判断偏向于理性，其他两项则倾向于感性。虽然心理学家针对道德判断依据做了大量的脑成像研究，还设置了多种道德难题来考察道德判断意图的变量，结果发现不同的道德情景、道德内容和道德行为的过程具有较大的差异。

三 道德思维的两个层面

（一）直觉层面与批判层面

英国牛津大学教授里查·赫尔鉴于"道德思维可不可以是理性的，在什么情况下是理性的"这一命题，开始了对道德思维的探讨，并出版发行了第一本以道德思维命名的著作。在这本著作中，里查·赫尔将道德思维活动分解为两个层面：直觉层面和批判层面，他认为道德冲突在直觉层面不可以被解决，而在批判层面却可以被解决，这一情况属于思维的缺陷，里查·赫尔举了两个例子来说明直觉层面与批判层面，例如："我应该做 A，并且我应该做 B，而我却不能同时做两者。"他认为这就是责任冲突，这种情况不属于批判的思维，在直觉层面可以这么讲，批判层面的思维则要复杂一些。[1] 他引入了直觉主义哲学家经常使用的例子："我答应了孩子带他们到牛津河畔野餐，而我的一位老友却突然由澳洲到访，他只能在牛津停留一个下午，希望我可以带她和他的妻子参观书院。我需要带老友参观书院，而我也需要遵守孩子的诺言。"[2] 毫无疑问，例

---

① ［英］里查·赫尔：《道德思维》，黄慧英、方子华译，远流出版社1991年版，第18页。

② 同上书，第35页。

子中的主人公在经过思考和衡量之后做出的决定是道德思维的批判层面。

人们在生活中经常会遇到这样的两难情境,里查·赫尔将这种类似情况概括为:假如我应该做 A,而做 B 会妨碍做 A,那就不应该做 B。当然里查·赫尔得出这样的共识,依据的是语言的逻辑,而不是道德上的直觉。如果以道德思维的直觉层面,例子中的主人公应该既带孩子们野餐又带自己的老友参观书院,抑或既不带自己的孩子野餐也不带老友参观书院。既然人们无法做 A 又做 B,那么个体可以既不做 A 又不做 B,事实是,作为主体的人们可以轻易选择放弃,但放弃本身于解决道德冲突无益。在人们遇到双原则或双责任的冲突时,有的干扰因素更多,解决的办法需要人们用一种判断或衡量的程序来决定遵循哪一个原则。可见,在道德思维活动中我们还是需要做出对的选择。问题是,既然我们一方面无法同时做两件事情,那我们选择了对的事情,便也不需要对自己没有做另一件事而感到遗憾,如果遗憾上升为后悔、良心不安甚至恐惧,那么人们通过道德思维活动选择的结果是否恰当便值得思考。里查·赫尔认为"这些情感因素是我们判断自己是否正确进行道德思维的标准,他进一步指出,遗憾是人的一种正常感受,但若出现良心不安和恐惧便不属于正常范畴了。如果一个人道德思维后只是感到遗憾,说明他的道德思维更为理性;相反,如果一个人更多感受到的是后悔和恐惧,我们便可以判断他的道德思维是不理性的"。[①]

(二)直觉层面与批判层面的关系

既然道德思维存在着两个层面,是否意味着个体有时在这一层面思维,有时在另一个层面思维,即道德思维的两个层面是否属于敌对程序。事实上,就像人们无法区分理性与感性在思维中的存在一样,道德思维的两个层面属于一个共同结果的不同元素,各自有自己的功能和任务。为了使人们更好地理解道德思维的两个层面,里查·赫尔用两种极端的生物来代表,其中一种只能用批判思维,具有超人类的思维能力,当面对道德处境时,他能够迅速分析处境的所有因素,罗列可供选择的行动方案,然后选出一个普遍的原则。可以说,这样的生物不需要直觉思维,称为"天使长"。"与这一生物形成对比的是只能用直觉思维的人,这些

---

① [英]里查·赫尔:《道德思维》,黄慧英、方子华译,远流出版社 1991 年版,第 54 页。

人具有人类思维的弱点，他们大多数时候以来自觉，简言之，他们不具备批判思维的能力，称为'孩子'。"① 里查·赫尔总结到：在现实生活不存在这样严格划分下的人；人类无法准备规划什么时候用直觉思维，什么时候用批判思维；作为一个普通成人，到底有多少直觉思维的品质和批判思维的品质呢？至少哲学无法解答；但是人们自身可以回答上一个问题，前提是人们必须了解自己；道德思维就是为我们这些不能在所有情况下都像"天使长"一样做出批判思维的人找到一套可靠的生存原则，当然这也是本书探讨的目的。

关于里查·赫尔关于道德思维两个层面的论述，一些学者发表了自己不同的看法。美国哈佛大学哲学系伦理学教授 T. M. 斯坎伦（Scanlon）曾在1988年出版的《赫尔及其批判者——道德思维论集》一书中，针对里查·赫尔提出的道德思维的两个层面发表自己的看法，总的来讲，斯坎伦对里查·赫尔的提法较为赞同。但是他针对其中一些因素提出了自己不同的看法，例如：里查·赫尔认为批判性思维的主题在于，什么是人类想要的最佳"直觉原则"的问题，另外，遵从直觉性原则并不能确保行为是正当的。他把这种区分表述为不同道德思维类型，一方是父母和"天使长"；另一方则是"孩子"。斯坎伦认为这样的划分属于不正确的术语，因为里查·赫尔想要讨论的不是两个相互独立的群体，而是同一个人在不同时间里所采纳的两种观点。我们中的绝大多数人有时是"父母"，有时是"孩子"，如何解释人们冲动做错事时到底是如何使用两个层面的思维，批判性思维是超出直觉原则之外进行反思并且能够处理各种冲突及解释和证明的思维方式。那么人们是否可以说不成熟的思维都是直觉思维，只有好的才是批判性思维。斯坎伦想通过考察与法律推理所作的一种类比来探究这一问题。他举了一个例子，什么是剥夺言论自由？宪法上的表述不必进行更为复杂和困难的"批判性思维"，但这一表述却涉及复杂的政治观念。人们在思考一件东西时，是否面临着似乎熟悉但也同样复杂和无从捉摸。那不是批判性思维，其充其量只是拥有一种富于启发性的类比。当然，在法律思维与道德思维之间存在着较大的差异，但不可否认的是，在日常生活中，人们需要储存一些可以迅速

---

① ［英］里查·赫尔：《道德思维》，黄慧英、方子华译，远流出版社1991年版，第82页。

而且凭直觉去行动的倾向。即直觉思维有时更为可靠和准确，人类从哪一个角度入手来培养道德思维，关键看现实生活中的人们缺乏哪一层面。

第四节 多学科视角下的道德思维理论

一 心理学视角下的道德思维理论

（一）皮亚杰的道德思维认知理论

1. 皮亚杰道德发展思想述评

随着学界对道德思维研究的日益深入，心理学开始尝试突破以往的研究范式并开始以实证的方法来研究道德思维的发生和发展，其中皮亚杰是认知心理学派最早的探索者之一。皮亚杰认为："一切行为事先要有活动的工具和技术：动作和智力。但是任何行为也要先有动机目标和最终的价值目标：情感。因此情感和智力是不可分开的，它们构成了人类行为相辅相成的两个方面。"① 这句话表明了情感对道德发展的重要性，以及逻辑思维能力对道德思维成熟的决定作用。为了探求道德发展的阶段和特征，皮亚杰认为不同认知水平的青少年对道德规则会产生不同的理解，继而作出不同的反应。故认知结构与认知水平决定了个体的道德发展水平，并逐渐到达道德自觉、行为自律的特征。在认知水平的发展过程中，意志和具体运算发挥着积极影响，其中意志是关于情感的活动，具体运算是尝试借助思维而实现道德的发展。皮亚杰关于意志和具体运算的划分与上文哲学梳理中道德思维两个层面，抑或与黄富峰道德判断与道德推理的分类相似。可见，道德思维研究发展到心理学领域的前期，仍然将道德思维描述为更理智、高级和逻辑的活动，相反对情感的作用和价值没有正确对待，这一情况会在后期有所改善。

虽然皮亚杰主张认知发展的重要性，但却不赞同道德发展取决于机体认知的自然成熟。因为不论是思维的形象方面还是运算方面都来源于个体的认知活动，因为客体是具有自己特有的结构并独立于个体之外的，要想了解客体的特征，主要依靠主体对客体的主观能动性。与之前道德思维哲学家们一样，皮亚杰认为道德思维的过程也是主体的外部活动内

---

① ［美］坎贝尔编：《皮亚杰文选》，约翰·威廉父子有限公司1976年版，第87页。

容与自己内部的思维结构相结合的统一体。从皮亚杰关于青少年认知—情感的描述中可以看到,道德发展的每一个阶段都是对自己原有自我中心观点的摒弃和升华过程。同化和顺应使个体的认知能力不断提升,从而打破自己原有的自我中心状态。皮亚杰不断强调个体认识水平对道德发展的制约作用,继而提出了以改善个体认知水平为手段进行道德教育的理论。总体来讲,皮亚杰的道德发展理论发挥了道德哲学中关于理性思维的思想,将个体对客体的理性理解置于道德思维活动首位,近似于将道德发展与思维发展同步。但皮亚杰运用科学的分析和实验方法使学界对人类的道德发展有了更为清晰的认识,更为重要的是,他比道德哲学思想家们更为准确地找到了道德思维发展的关键期,即道德的发展取决于青少年能否不断超越自己原有的自我中心阶段,进入更理性、更高层次的道德认知水平。

2. 皮亚杰的青少年道德发展理论

皮亚杰关于青少年道德发展理论的探究,主要围绕着以下几个问题进行:一是成人尤其是监护人对青少年早期的道德形成和发展产生了怎样的影响,具体的影响因素有哪些。二是青少年随着年龄的增长,在跟同伴进行交流的过程中,青少年的道德发展产生较大的变化,外部的影响因素有哪些。三是青少年自身的智力成长和思维模式的不断成熟对道德发展的影响。四是成人、同伴和自身智力三个因素之间的相互关系。因此,皮亚杰的儿童道德发展理论主要围绕着以上四个问题展开,鉴于皮亚杰是一位认知发展理论者,故他将儿童的道德发展置于个体的认知发展过程中进行研究。他认为青少年的逻辑思维能力和道德判断能力是成正比例的,即青少年的逻辑思维能力和逻辑思维水平越强,其展现的道德判断能力也越强。为了证明青少年道德发展的阶段划分,皮亚杰反复论证青少年道德发展是由他律及外部约束逐渐转化为自律及自我约束的过程。皮亚杰认为只有当青少年的道德判断水平达到自律水平时,才成为真正的道德。

皮亚杰所做的研究分为以下几个部分:第一,儿童对待道德准则的态度。皮亚杰尝试从儿童对游戏规则的态度入手揭示儿童道德发展的萌芽和规律,通过观察儿童如何正确使用游戏规则和理解规则的方法,继而发现儿童对游戏规则的认识是随着年龄的增长不断发展变化的,游戏规则对儿童而言，从外部不可违反的禁令到自己应该遵守的准则，需要一定的认知过程。第二，关于儿童道德判断的问题。皮亚杰从儿童对过失行为和说谎行为的故事情境判断中发现：儿童不论对过失行为还是对说谎行为的判断，都呈现出明显的阶段性。年幼的儿童会根据行为后果作出判断，而相对年长的儿童便会根据主人公的动机作出判断。第三，关于公正的观念。儿童的公正观念是皮亚杰道德发展研究中的重要课题，皮亚杰通过让儿童们回答"家长偏爱懂事的孩子是否公平"一类体现公平观念的问题，结果发现7岁、10岁、13岁对公平问题会得出不同的结论，从而确定儿童公平观念形成的三个关键期。第四，关于惩罚的研究。皮亚杰围绕着在儿童心目中什么惩罚最有效、最公正展开，发现年幼的儿童往往认为应该用强制手段使犯错的人遵从成人的规定，皮亚杰称为抵罪性惩罚。而相对年长的儿童则偏向于回报性惩罚，他们坚信谁犯错，便会遭到同辈群体的回报。总之，皮亚杰所揭示出的不同年龄儿童道德发展的特点，为本书有针对性地进行道德教育提供了理论依据，同时皮亚杰论证了儿童的道德发展阶段是有其自身的发展规律。我们要尊重儿童自身的道德发展规律，不能超越儿童的认知结构去加速道德的发展。可见，皮亚杰关于道德发展理论的贡献是极大的，但是道德思维作为一种复杂的判断仅仅依靠认知规律的成果来说明显得较为偏执，人们需要对道德思维进行全面的理解。①

(二) 科尔伯格道德思维理论探究

皮亚杰开创了从认知理论进行道德研究的先河，科尔伯格继而将皮亚杰认知发展理论进行发扬，提出了"道德发展阶段论"，成为美国道德教育工作的理论依据。其关于道德发展的基本观点和皮亚杰基本一致，如道德发展是个体认知发展的一部分，只不过道德解决的是人与人之间的冲突问题；道德判断与个体的逻辑思维能力具有内在一致性，逻辑思维能力是道德判断发展的必要条件；外部环境因素对道德发展具有重大的影响，与皮亚杰相比，科尔伯格更加注重环境作用。道德两难法是科尔伯格进行道德发展研究的重要方法之一，也是论证其三水平六阶段模

---

① [美] 瓦兹沃思：《皮亚杰的认识和情感发展理论》，徐梦秋、沈明明译，厦门大学出版社1989年版，第80页。

式的主要依据。道德两难法依靠一系列虚构的小故事,让被试者以问答的方式对故事中主人公的做法进行讨论,被试者不但需要判断故事中主人公的行为,还要说明自己的理由。以科尔伯格设计的"海因茨故事"为例,这个故事作为两难情境的典型案例,成为各位学者介绍科尔伯格道德两难法的主要素材。从 1958 年起,经过 16 年的时间,对 75 名 10 岁到 16 岁的青少年进行道德两难测验,结果发现个体的道德发展水平是一个渐进发展过程,并提出了道德发展三水平六阶段理论。

科尔伯格同样认为个体道德发展的不均衡性,故和皮亚杰一样,十分关注外部环境的影响。科尔伯格研究发现,生活在孤儿院的儿童道德发展水平明显滞后于生活在以色列的移民儿童,因为在移民群体中,儿童的同伴关系更加丰富,更能积极地产生影响,这是生活在孤儿院的儿童达不到的,故科尔伯格强调家庭、学校和社会能积极地创造良好的条件,开展符合儿童道德发展规律的道德教育活动,从而促进儿童的道德发展水平。科尔伯格反对传统以灌输为主的道德教育方法,传统道德教育方法过度强调外部道德准则的影响,而不是通过个体的主观能动性自主作出道德判断,如何激发个体内部道德发展愿望,形成自主道德成长机制,是改变传统道德发展的全新思路。第一,科尔伯格希望儿童能按照自身道德发展规律,促使自己认识到自己道德判断带来的后果,从而选择作出正确的道德判断。第二,科尔伯格认为传统道德教育之所以效果不显著的原因在于,没有遵从儿童的道德发展规律。因为跨道德发展阶段的教育会超出儿童道德的理解和接受能力,结果只是事倍功半。第三,科尔伯格认识到发挥个体内在动力的重要性,授人以鱼,不如授人以渔,如果儿童自己掌握了道德发展的秘诀,那么人际间的矛盾也随之得到解决。

为了处理传统道德教育的困境,科尔伯格对教育者提出了三点要求,一是要随时了解儿童的道德发展状况,为正确开展道德教育活动奠定基础;二是要培养儿童对道德问题进行独立判断的能力,发挥儿童的主观能动性;三是为儿童提供进行道德水平发展的思维模式,使其掌握道德思维能力提升的方法。在日常教育活动中,科尔伯格仍然坚持使用两难法来提高个体的道德判断水平,让学生们在学校讨论超出他们现有道德发展水平的社会问题,其原则不在于能否解决问题本身,主要是激发他们发现更高阶段的道德水平。道德教育活动不应该局限于某一课程中，而应该贯穿于整个课堂教学的始末，贯穿于各学科的教学活动，贯穿于各个学校的管理工作。可见，如何在青少年身边创造积极、健康、科学、向上的外部条件，是青少年道德顺利发展的必要条件。科尔伯格的道德发展阶段论提出后，美国一些中小学的教师为促进学生的道德发展创新了一系列教学方法，将科尔伯格两难法运用得更为恰当、有效。游戏法是针对道德教育中年龄较小的受教育者而设计的教育活动，如当时一位六年级的儿童同一位心理学家一起设计的"站立"游戏，先在地上划出五条线，在每一条线分别作出：完全正确、大体正确、不知道、大体错误和完全错误的标记，然后开始给学生讲故事，让学生们根据故事情境作出判断，并选择和自己意见相同的标记站立。这样的游戏法，虽然实质仍然是两难法的训练，但比起刻板回应故事情境增加了活动的趣乐性，更容易被年幼儿童所接受。①

此外，科尔伯格认为，合作学习法与电化教育手段也是提高学生道德判断水平的有效方法。总之，科尔伯格道德两难法已被实践证明是提高个体道德思维水平的有效手段，但本书认为我们在运用科尔伯格道德发展阶段的过程中，不能一味地套用。一方面，科尔伯格所进行道德发展阶段的实证研究在时间上已过去很久，不同时间、地域、环境的儿童是否会有所不同不得而知；另一方面，个体在道德发展的各个阶段，经常会出现思维和行为的不平衡，故人们在运用这一理论时，还需考虑如何弥补思维与行为的差异。科尔伯格与皮亚杰一样，都致力于从认知理论角度进行道德分析，提出了自己的道德发展模式，但两位学者道德模式的建构，过分强调逻辑判断能力的培养，而忽视了情感方面的因素，如同情、羞愧和恐惧等。正如里查·赫尔所说，道德思维的两个层面缺一不可，过度强调其中之一，都无法找到道德发展的源头。

（三）莱斯特等道德测验研究述评

心理学家发现如要对个体道德发展情况进行研究，离不开具体的道

---

① ［美］科尔伯格：《道德发展心理学——道德阶段的本质与确证》，郭本禹等译，华东师范大学出版社2004年版，第120页。

德测验方法，道德测验可以让人们对被试的道德发展有一个准确的定位，找到个体道德发展的规律，继而有针对性地提出道德发展对策。总之，道德发展研究离不开道德测验方法的运用，心理学界关于道德测验的研究主要包括：

1. 早期的道德测验方法

个体道德发展是一个极其复杂的过程，截至目前，心理学家仍没有找到像智力测验一般科学、综合的方法来测量个体道德发展情况，国际上认可的道德认知测量方法有皮亚杰的对偶故事法、科尔伯格的两难故事法、莱斯特的限定问题测验（DIT）和吉布斯的社会道德反映测量法。本书在前面已详细论述了皮亚杰和科尔伯格的道德发展理论，在这里便简单阐述其道德认知的测量方法。皮亚杰认为直接研究被试者的道德水平会受到很大的外部因素的干扰，故需要找到一个间接的方法进行研究，皮亚杰发现向被试者讲述与他们个人无关的道德故事并观察被试者的反应，可以使被试者真实反映自身道德品质。这种间接的测量方法称为对偶故事法，这一方法的提出与皮亚杰早年提出的精神分析理论有很大的关系。皮亚杰对对偶故事情境的各种因素严加控制，不同对偶故事内容情境的设计所表达的程度恰好。总之，皮亚杰这种通过向儿童讲述故事使其作出道德判断的临床谈话方法被后来的研究者继承并发展，为道德发展研究领域开辟了一条新的道路。科尔伯格在皮亚杰的基础上，发展了皮亚杰的对偶故事法，把皮亚杰的一对对偶故事修改成一个道德两难故事，保留了对偶故事冲突性的特点，增加了开放性结果，可以更全面、细致地了解个体的道德发展。可以说，故事两难法是一种开放性的访谈，被试者可以充分表达其价值选择。具体内容有3种谈话形式，分别包括3个两难故事，每个两难故事具有2个标准问题，每个问题具有12种规范，每个规范含有17种要素。由于科尔伯格设有6个发展阶段，共有20000多个评分标准。可见，科尔伯格所采用的评分系统过于复杂，而且其道德测验谈话属于个别谈话，故使整个测验任务较为烦琐，操作起来比较困难。

2. DIT-1和DIT-2道德水平测量方法

限定问题测验（以下简称DIT-1）是科尔伯格的学生莱斯特及其同事于1973年编制而成的测量道德水平的测验，该测验针对科尔伯格的道德测量缺陷进行了一定的修改，不再让被试者对两难故事进行开放式的陈述，而是先将各阶段的典型观点呈现给被试者，让被试者们对这些观点进行评价。具体来讲，DIT-1 共由六个道德两难故事组成，每个故事有 12 个问题，共 72 个问题。相比科尔伯格的问题设计简化了很多，这些问题分别代表了道德发展的 2—6 阶段，因为 DIT 的被试者年龄都在 12 岁以上，故不需要列出第 1 阶段。除此之外，每一个两难故事还包含 1—2 个"无意义"问题，用来检测被试者回答问题的态度，是否存在说谎。莱斯特 DIT 量表与科尔伯格道德判断量表的计分区别在于，DIT 除了需要统计被试者各阶段的得分外，还有 M 分数和 P 分数，M 分数是针对 1—2 个"无意义"题的得分总和，如前所述，主要用来检测问卷的效度和信度。P 分数是 DIT 测验中使用最多的指标，莱斯特认为 P 分数可以代表被试者作出道德判断时道德思维的水平，P 分数越大，被试者使用原则的程度越大，道德思维水平越高。2002 年莱斯特去世后，斯特芬·托马将道德阶段进行了更为细致的划分，将整个道德阶段更新为 7 种。DIT-2 共有 5 个两难故事，在计分方面，不同于 DIT-1 的 0—6 分，DIT-2 采用 0—5 分计法。总之，DIT 道德测验问卷能为研究者提供一个标准化的方式，以便客观计分和比较结果，从而促进道德发展研究的进展。

3. SRM 与 MJT 道德反映量表

吉布斯随后针对科尔伯格和莱斯特道德测量的缺点编制了道德反映量表（SRM），SRM 同样使用了科尔伯格的故事，并根据自己提出的道德发展阶段来编制 SRM 的问题。在具体设计和计分方法上并没有太大的变化，由于 SRM 是一种团体测验方法，使用起来比较方便。而且 SRM 针对的是低龄儿童的道德发展，弥补了 DIT 测验只能用于 12 岁以上儿童的弊端，故相较 DIT 问卷的使用价值也更高。综上，从皮亚杰的对偶故事法、科尔伯格的两难故事、莱斯特的限定问题测验到吉布斯的 SRM，其发展过程反映了道德测量方法的进展。到了 20 世纪 70 年代末期，林德和威根赫特在莱斯特的基础上作了进一步改进，设计出了全新的道德测验问卷（MJT），该测量方法成为目前运用最广泛的道德测验。与其他研究者一样，MJT 的理论基础同样继承了科尔伯格对道德判断能力的观点，从道德认知、道德情感和道德行为三个因素入手，对个体的道德判断能力进行科学评估。MJT 通过创设一个较为复杂的道德情境，要求被试者对道德两难问题中的各个论点进行判断，MJT 最初选取了两个道德两难问题：

"工厂风波"和"医生的困境",每一个故事后面会有这样的问题:"你赞成不赞成主人公的做法?"并要求被试者在 7 点程度范围内作出选择,然后在每一个故事后面梳理出 12 个正反观点,其中 6 个是正面观点,6 个是反面观点,每一个观点都有 9 个程度的范围进行选择。在计分方式上,C 分数是衡量 MJT 的有效指标,反映了个体论点背后的道德品质,C 分数的范围从 1 分到 100 分不等,最初被划分为非常低(1—9 分)、低(10—19 分)、中等(20—29 分)、高(30—39 分)、非常高(40—49 分)和极其高(50 分及以上)的等级,但这样的分数划分只适用于 MJT 的标准版本。C 分数可以对个体的整体道德思维进行考察,反映了个体所有道德因素之间的关系和结构,是本书进行道德发展研究的重要指标。

二 神经学视角下的道德思维理论

(一)认知神经科学对道德思维的研究成果分析

1. 神经科学研究对道德思维的重要性

人们从神经科学角度来解释和研究道德思维的历史时间并不长,最初的研究都源于医学界的精神科案例。1848 年英国一位受雇于拉特兰郡和伯灵顿铁路公司的工人在工作时,突遇现场爆炸,一根铁棒插入这位工人的大脑,刺穿颅底,并以极高的速度从头顶飞出。虽然这起事故并没有伤及这位工人的性命,但由于额叶被刺穿,他的性格发生了改变,成为一个没有道德修养的人。1999 年,美国的德州大学健康科学中心急诊室诊断出一名奇特的病人,这位病人在短短的两个月内像变了一个人,时刻充满敌意,与人相处矛盾频发。看似这位病人的神经系统完好无损,但通过核磁共振(MRI)检查后发现,病人的左额叶出现一个囊肿,里面充斥着很多"神经蠕虫"。一般情况下,这些寄生虫处于休眠状态,但它们一旦进攻,便会摧毁一个人的神经系统。所幸的是,在医治好病人的囊肿后,他的性格也恢复了正常。可见,直到道德思维器官功能丧失或被损害时,人们才能意识到神经系统的重要性,原来人类的道德品质可以在瞬间消失得无影无踪。而且随着医学扫描技术的发展,美国加利福尼亚大学的研究人员发现,当人们权衡道德两难问题时,大脑额叶皮层前部中间部分会被激活,当然这块区域还是智力与学习能力的影响区,这次扫描研究将大脑的理性思考与道德选择联系起来。随着 MRI 脑部扫描的发展，研究人员还可以观察人们在进行不同道德思维活动时的区域功能，为个体自我控制能力排除隐患。[①] 这些案例让学者们感到不安，这种道德与大脑神经之间的紧密联系正威胁着人们的自我控制和意识能力，虽然本书极其抗拒那种道德能力先天性的生物学解释，但事实是，认知神经科学是我们无法回避的讨论要点。学者们需要了解道德思维发展的前提、底线和禁区，理解个体进行道德思维发展的自我控制程度，预测道德思维后天培养的空间和维度，神经科学研究对道德思维的重要性不言而喻。

2. 分道德思维的认知神经基础

基于认知神经科学，研究者提出了道德思维各种类型活动的假设，为道德思维研究视角提供了新的起点。1994年，Damasio发现大脑中腹内侧前额叶（VMPFC）受伤的个体在智力正常情况下，无法作出合理的道德思维，说明此类受伤个体无法对内外部信息进行加工，辨别对错。因此一些学者开始倾向于身体部位对道德思维的重要作用，据此提出了"躯体标识说"（SMH），当腹内侧前额叶较慢或者不能正常作出道德判断时，人们的躯体便会以无意识、情绪化的特征作出反应。因为本书在道德思维哲学理论部分已经对道德思维的这种情况做过解释，虽看似为经过批判层面进行决定，但直觉层面的道德原则又何尝不是原先道德思维活动的结果，故就算通过神经科学精确的仪器，也不能断定道德思维的实质内容。躯体标识说虽然可以解释腹内侧前额叶受伤病人的道德障碍，但却无法说明腹内侧前额叶区域在道德思维中的具体作用。[②] Blair和Cipolotti针对眼窝前额皮质（OFC）受损病出现的不当行为进行研究，结果发现眼窝前额皮质部位受伤的病人会出现反社会人格特征，故他们认为眼窝前额皮质是一个行为抑制区域，但不等同于暴力脑区（VIM），暴力脑区损伤会增加个体的攻击性行为。[③] 眼窝前额皮质反映的是杏仁核对个体道德行为社会化的影响，但仍无法解释个体道德行为是否仅仅因为杏仁核本身出现问题而产生的结果，而非多因素导致的。学者们逐渐发现

---

① ［美］马陶谢克：《底线：道德智慧的觉醒》，高园园译，重庆出版社2013年版，第123页。

② Eslinger, J., "Morals and the Human Brain: A Working Model", *Neu-roreport*, 2003, 14 (3): 299 – 305.

③ Blair, R. J. R., "The Roles of Orbital Frontal Cortex in the Modulation of Antisocial Behavior", *Brain Cognition*, 2004, 55 (1): 198 – 208.

额叶和颞叶都与个体的道德行为息息相关，这些部位一旦受损便会影响个体的道德发展水平。随着神经科学的研究深入，学者们逐渐确认腹内侧前额叶便是道德思维的信息原则储存的区域，其中不同的腹内侧前额叶分区涉及不同的社会认知和情感特征，但道德思维活动是否只是腹内侧前额叶单区域的功能尚不确定，这也为神经科学进一步探索大脑其他区域奠定了前期基础。

认知神经科学除了通过扫描技术对个体大脑的相关区域进行相关分析外，还试图以神经科学的学科知识构建道德思维活动的运行机制，即道德决策过程。2001年，Haidt提出了社会直觉模型，他发现很多被试者在做完道德决策之后，无法说出作出决策的理由。他将这一现象称为"道德失声"，故他认为道德思维活动是一种无意识的、快速的直觉反应。这样的道德思维运行机制类似于情绪化的直觉加工，这一模型包括了直接判断、事后推理、理性劝服、社会劝服、理性判断、个人反思六个阶段的内容。可见，社会直觉模型下的道德思维过程是一个复杂的循环过程，这一过程受到诸多因素的影响。Greene继承了道德哲学中关于道德思维两个层面的观点，并通过功能性磁共振成像（fMRI）对道德思维的神经机制进行了大量的研究，提出了道德思维双加工理论。[①] 他认为道德思维有两个不同的过程，一个是受情绪影响的直觉思维过程，另一个是受认知影响的认知加工过程。但遗憾的是，Greene终究未能准确区分情感与理性认知的界限，这也让该研究的观点无法得到进一步扩展。2005年，Moll为了克服之前理论框架的局限性，提出了事件特征情感复合体系（EFECs）。该体系包含了三个维度，分别为结构性事件、社会知觉与功能、中枢动机状态，结构性事件是指个体作出道德思维活动会根据具体道德情境的内容进行调整，例如腹内侧前额叶的中部和后部是储存初始原则和固定化的日常生活知识，腹内侧前额叶的前部则是储存像长期目标与复杂逻辑内容的区域。故Moll作为神经科学第一个将腹内侧前额叶C区域进一步细化的学者，为道德思维的直觉和批判层面找到神经依据。社会知觉与功能是指大脑能够处理大量的与社会相关的信息，主要

---

① Greene, J. D., "From Neural 'is' to Moral 'ought': What are the Moral Implications of Neuroscientific Moral Psychology", *Nat Rev Neurosci*, 2003, 4 (10): 846-849.

依赖于信息中复杂的特征,并储存在 STA 脑区。① 中枢动机系统是动机的基础神经结构,负责基本的情绪,这些情感因素会直接影响道德思维活动。Moll 提出的三个维度,基本涵盖了道德思维理论具体功能的所属区域,集合了道德思维运行机制的几个环节,是截至目前最为合理的神经运行模型。

3. 道德思维的理性与感性

从道德哲学、道德认知心理学到道德认知神经科学,道德思维的理性与感性问题一直是各位学者争论的核心,即道德思维的认知与情绪因素的重要性问题。通过上文中认知神经科学对道德思维的研究,可以看出,认知神经科学偏向于感性思维倾向,这也是与道德思维认知心理学最为不同的地方,鉴于道德哲学与道德认知心理学对逻辑推理能力的详细研究,故本书将重点阐述道德思维的情感因素与感性道德决策。研究表明,道德思维所涉及的情绪功能系统主要包括 ACC、OFC、VMPFC 以及 amygdala。ACC 指前部扣带回,OFC 指眶额叶皮层,VMPFC 指服内侧前额叶,amygdala 指杏仁核。认知科学的兴起,使越来越多的研究者不断进行道德思维实验。研究者通过让被试者阅读有关道德问题的文字,同时扫描核磁共振图像,发现当被试者阅读涉及道德问题陈述时,服内侧前额叶的激活程度会显著更高。② 研究还发现人们对不道德行为所产生的厌恶感在很大程度上与物理化学刺激引发的厌恶感区域重叠,③ DLPEC 是大脑中责任认知加工的重要脑区之一,支持行为的计划、组织和调控。④ 无论研究者倾向于理性还是感性,都必然会遭到其他学者的质疑。本书认为,道德思维的理性和感性之争,说到底争论的焦点是道德思维活动是依据道德冲突的结果,还是其他因素做出的。这个从道德哲学开始便

---

① Esther G. González, Robert S. Allison, et al., " Cue conflict between disparity change and looming in the perception of motion in depth", *Vision Research*, 2010 (2): 136 – 143.

② Moll, J., Eslinger, P. J. and De Oliveira-Souza R., "Eslinger. Frontopolar and Anterior Temporal Cortex Activation in a Moral Judgment Task-Preliminary Functional MRI Results in Normal Subjects", *Aquiver De Neuro-Psiquiatria*, 2001 (3B): 657 – 664.

③ Borg, J. S., et al., "Infection, Incest, and Iniquity: Investigating the Neural Correlates of isgust and Morality", *Journal of Cognitive Neuroscience*, 2008 (9): 1529 – 1546.

④ Muller, U., *Executive Function in Typical and Atypical Development*, in *Blackwell Handbook of Childhood Cognitive Development*, USE: Blackwell Publishers Ltd, 2007, pp. 445 – 469.

一直在讨论的问题，也是困扰着各学科道德思维研究的主要"瓶颈"。Borg 等针对道德思维到底属于有目的的意图行为还只是一种行动手段进行了脑成像研究，结果显示真正的道德思维是有意识的目的性行为。总之，无论是哲学、心理学还是神经学，都承认道德思维作为一种复杂的情绪发展过程，兼具了理性逻辑推理和感性直觉思维的双重属性。其中个体的正确道德思维大多以理性思维为主，而个体的不良、犯罪行为则偏向于感性思维，这也成为犯罪矫正的重要依据，但这样的提法，马上遭到另外一些学者的反对，其中镜像神经元的发现，为本书进一步了解道德思维的善与恶开阔了视野。

（二）大脑中的镜像——镜像神经元

1. 镜像神经元研究回顾

现在，人们可以非常肯定地说明孩子的行为是通过模仿来学习的，然而直到 1995 年，学者们才真正了解了模仿的发生机制以及对伦理道德生活的影响。Giacomo Rizzolatti 在猴子身上做实验时，奇怪的事情发生了，每当猴子手中抓起物体时，其大脑中相应区域的细胞便会被激活。这时，Rizzolatti 的学生拿着冰淇淋走进实验室，猴子看到 Rizzolatti 的学生享用冰淇淋的时刻，它脑区的细胞也被激活了。事实上，镜像神经元的发现极其偶然，Rizzolatti 及其团队经过很长的时间来认识这个大脑细胞的新成员，镜像神经元可以很容易被激发，因为它与观察行为紧密联系。Rizzolatti 认为人脑中的镜像神经元要比猴脑更灵活和智能，正是这一发现，使人类认识自己的思维世界更进一步，是解释道德思维活动的最新依据。镜像神经元位于猴子大脑运动前区皮层 F5 区，能够将观察到的外界行为投射到自己实施行为的过程中去，可见，镜像神经元具有匹配他人与自己行为的功能。问题在于，镜像神经元是否仅仅通过视觉活动来完成匹配活动，除此之外，个体的听觉系统在镜像神经元中会同样产生匹配性吗？为此，2002 年，Kohler 发现，除了视觉系统之外，听觉系统同样可以激活镜像神经元。研究发现 F5 区域的神经元在猴子撕纸的过程中也会被激活，当然猴子就算是没有见到自己撕纸的动作，镜像神经元也会被激活。在发现镜像神经元可以被听觉系统激活后，Kohler 随后考察了镜像神经元能否对不同特征的声音作出不同的反应。例如在剥花生和撕纸这两种声音中，发现镜像神经元的分工是如此精细，一些神经元在同时观察剥花生的动作和听到剥花生的声音时被激活强烈；还有一些神经元仅仅在听到剥花生壳的声音时，便强烈地被激活了。这一发现，会促进人类语言的高速发展，为我们理解人的行为开阔了视野。

既然猴子不是仅仅通过视觉的冲击来激活镜像神经元的，这些结果使学者们倾向于镜像神经元的激活不是简单的动作刺激，而是一种更复杂、抽象层面对外部行为的理解。为了进一步理解镜像神经元的运行机制，2001年，Umilta等设计猴子观察人类抓木块的实验，实验者设计猴子只能观察抓木块活动的前半部分，当然，实验进行的前提是猴子事先知道遮挡物后面有一个木块。结果发现，当猴子知道木板的存在后，就算没有看到抓木块的动作，仍然有相当部分的镜像神经元被激活。说明镜像神经元不仅停留在事物的表征上，还对动作的内在特征具有理解能力。沿着这条思路，2005年，Fogassi考察了具有不同内涵和意图的动作是否会有不同的镜像神经元激活模式，研究结果进一步证实了镜像神经元的反应并非物理特征，而具有内在复杂联系的功能。考虑到猴脑F5区和人类大脑Broca区的同质性，研究者相信人脑中同样存在着镜像神经元系统，发现镜像神经元是人类进行模仿和学习的基础，更是人类获得共情能力和社会交往能力的神经机制。具体功能为模仿、对语言的理解、对他人行为的理解、共情能力和社会交往功能。可见，无论是猴子还是人类的镜像神经元，其核心特征便是通过大脑相应区域的激活从而"亲身体验"他人的行为并理解他人的意图等功能，这一特征与本书所讲的道德思维概念具有内在的一致性，都强调体验和类我。这也是本书将镜像神经元作为道德思维生理和神经基础的原因，故本书所讲的道德思维，其实质也是镜像思维本身。从镜像神经系统的结构来看，包括额下回、顶下小叶、颞上沟、脑岛、前扣带回皮层、杏仁核等脑区。

2. 感受中的镜像神经元：从个体认知到社会规范

道德思维作为一种关注道德心理和道德情感在道德活动作用中的思维活动，是研究道德行为的出发点和落脚点。不管从哪个角度来研究道德问题，都离不开个体自身。故本书从道德思维视角出发继而探讨青少年犯罪预防研究，是合情、合理、合人性的尝试，镜像神经元理论带领本书从神经科学出发，找寻道德思维的运行机制，了解个体如何成为道德人的过程，即从个体认知到社会规范的历程。接下来本书便从神经科学角度对镜像神经元运行机制中几个重要的因素开始,阐述道德思维的机制。首先在神经科学领域,移情和同情是不相同的,它们是两个既紧密联系又有区别的心理活动形式。与移情和共情相比,同情的概念在日常生活中使用较多,直到19世纪末和20世纪初,德国的心理学家才率先在他们的研究中将德文中的移情概念用作心理学术语。① 虽然移情概念出现的时间比较晚,但在学术界,移情的应用范围远比同情要广得多。2012年,Lynne Kiesling对镜像神经元与移情的关系做了详细阐述,初步确定镜像神经元作为移情的神经学依据,肯定了镜像神经元揭示道德思维过程的生理作用。科学家Vilayanur Ramachandran认为镜像神经元的发现:"对于心理学来说就像DNA的发现之于生物学"。②镜像神经元告诉我们,道德行为的习得原来不只是依靠推理、思考,而是感受和感知得到的。例如目睹他人受到羞辱,你会气愤和不公;当同事受到批评时,你会畏惧退缩;看到有爱的场面,你会感受幸福和满足。可见,镜像神经元是偏情感层面的,它为所有进行道德思维研究的学者们指明了方向,那就是感受道德。通过感受去感知、通过感受去理解、通过感受去推理。如果没有感受,人们永远无法了解外部世界,又谈何将个体认知转化为社会规范。道德思维便是这样的能力,为了理解他人,"我们"需要成为"他们",至少"我们"需要部分变成"他们"。

小　结

本章道德思维概念及理论,是本书进行青少年犯罪预防与矫正研究的基础。道德思维理论为人们展现了一种转化人际间矛盾和道德冲突的破解路径,包括人与自然、人与社会、人与人、"我"与"他"、"我们"与"他们"、"我"与"我"之间的矛盾,最终转化为"我"自身矛盾的解决。当然除了上面提到的矛盾冲突外,人们还需要面对"现在"和

---

① Hunsdahl, J. B., "Concerning Einfühlung (Empathy): A Concept Analysis of Its Origin and Early Development", *Journal of the History of the Behavioral Sciences*, 1967 (3): 2.

② Olson, G. L., "Empathy Imperiled: Capitalism, Culture, and the Brain", *Political Science*, 2013 (1): 10.

"未来"的冲突，即用"我"目前的经验和好恶取舍，推论到未来的好恶取舍。其主线是将外部难以解决的矛盾冲突，转化为个体的内在选择。这一路径的实现不但需要了解道德思维的存在条件和本质特征，还需要系统厘清道德思维的本质规律和运行机制。例如，人们在进行道德思维活动时，会接受"他"的好恶取舍，这时"我"内部是否存在两个"我"，还是其中一个是"我"；要如何比较"我"与"他"好恶取舍的强度，为什么在"我"好恶取舍强度较弱的情况下，还会战胜"他"的好恶取舍呢？人类为何对自身的冲突和矛盾知道怎样解决，但在处理人际矛盾中不成功的原因等。首先，人们要认识到自身道德思维的存在潜能，并能全面了解"他"的好恶取舍；其次，要明确道德思维的直觉和批判层面，两者密不可分，通过类我和内我的思维方式共同完成对道德现象的认识、判断和推理过程；最后，道德思维理论不是简单的阶段论，阶段论本身并不能说明个体道德思维的运行机制，阶段更不是规律的体现。通过多学科视角下道德思维理论的探索，对道德思维学术史的发生发展有一个纵向了解，从心理学的实证研究和神经科学的深入探究两个阶段共同验证道德思维理论的基本内容。

第 三 章

道德思维与青少年犯罪的关系

道德思维之所以能够成为指导青少年犯罪预防矫正活动的重要理论依据,不仅源于道德思维能够帮助人们正确处理道德困境和人际矛盾,具备将外部矛盾内部化的能力,从而提高个体自身的道德品质,更在于道德思维与青少年犯罪活动不可分割的关系。本章首先采用实证的研究方法,对犯罪青少年道德思维发展及其相关因素进行分析,验证了本研究道德思维水平与青少年犯罪行为的负相关性。并从理论角度对道德思维培养与青少年犯罪预防矫正的趋同性、青少年道德思维的可预防与矫正进行论证,得出结论:道德思维教育是青少年犯罪预防研究的有效策略,是促进青少年道德水平提高的根本。

第一节 犯罪青少年道德思维发展及其相关因素分析

一 研究构架与研究方法

(一) 研究假设

根据第二章道德思维概念及理论探讨,提出犯罪青少年道德思维发展状况的研究假设,即犯罪青少年的道德思维水平较低。从日常生活经验来看,一个道德思维水平不高的人势必是违反道德规范的个体,是未来发展成犯罪人的主要诱因。就理论分析而言,由于外部因素的影响,青少年的道德思维水平表现为三个状态:一是高水平道德思维青少年,二是低水平道德思维青少年,三是假水平道德思维青少年。本书前面提到,个体只有在意识到自己的道德思维品质才会具备和发展这一能力。

青少年在成长过程中由于受到家长、同伴和老师等外部因素的影响，他们很难准确认识自己的思维能力，具备高道德思维的青少年能够在道德冲突中作出正确的选择，从而达到先知先觉的状态；低道德思维青少年无法对道德冲突作出正确的认知和判断，仿佛置身于道德冲突之外，其状态属于不知不觉的状态；假道德思维青少年虽然将"我"纳入道德冲突的范围之内，但过于高估自己的人际矛盾处理能力，具有冲动、冒险和挑战的特征，不能以外部社会统一的伦理道德准则进行认知和判断，处于后知后觉的状态。鉴于犯罪青少年群体处理道德冲突和人际矛盾的既有失败经历，他们应当属于低思维青少年和假思维青少年的范围。

根据道德认知阶段理论，青少年道德认知水平的发展是个体道德思维水平发展的必要条件。从这个角度讲，青少年的道德思维水平应该符合其年龄阶段的特征，处于一个水平之上。但是遗憾的是，相关研究表明，处在同一教育水平的个体，道德思维发展水平会有不同程度的差异，更何况犯罪青少年群体的教育水平明显低于同年龄段的青少年群体。因此，本书提出以下欲探讨的研究问题与假设：

问题：当前犯罪青少年的道德思维发展的现状如何？

假设一：犯罪青少年群体的道德认知和道德判断水平较低，若犯罪青少年的道德思维水平较高，便不会实施犯罪行为；

假设二：由于本书选取的研究对象为服刑犯罪青少年，相比当时的犯罪时间，一方面犯罪青少年的年龄得到增长，另一方面他们已经在接受系统的矫正学习，故研究结果要比设想的道德思维水平略高；

假设三：犯罪青少年的道德思维水平与其所受教育具有相关性；

假设四：犯罪青少年的道德思维水平与家庭条件具有相关性；

假设五：犯罪青少年的道德思维水平与父母的职业具有相关性；

假设六：犯罪青少年的道德思维水平与父母所受教育具有相关性。

(二) 研究对象

本研究对象为山东省未成年犯管教所中的在押未成年犯，该未管所作为山东省唯一一所关押未成年犯的机构，能够较为全面、集中地反映当代社会犯罪青少年出现的问题。本研究选取了300名在押未成年犯作为样本，年龄从15—26岁不等。具体结构为：15岁5人、16岁15人、17岁41人、18岁48人、19岁58人、20岁47人、21岁37人、22岁11

人、23 岁 10 人、24 岁 17 人、25 岁 6 人、26 岁 5 人，虽然这些样本在犯罪时都属于未成年人，但随着侦查、起诉、审判和入监矫治，以及个体刑期的不同，本书的研究样本从未成年人延伸到成年人，能够反映当下犯罪青少年道德思维水平发展的现状。

为了便于问卷的发放和回收，本研究选择了监舍发放问卷的方式，由担任监区教导工作的教官协助发放问卷，并及时回收问卷。发出问卷共计 300 份，回收 300 份，获取有效问卷 277 份，回收率为 100%，有效回收率达 92.3%。

（三）统计方法

本研究采用莱斯特 DIT2 和林德（G. Lind）MJT 量表来测量犯罪青少年的道德思维发展水平，具体量表见附录。采用 SPSS18.0 统计分析软件对数据进行管理和分析，其中 P 分数是利用 SPSS 的频次分析方法完成的。之所以选择两个不同的道德量表进行测量，源于 DIT2 和 MJT 量表的侧重点不同，DIT2 倾向于道德认知能力的测量，而林德（Georg Lind）的 MJT 量表则主要是关于道德判断水平的测量，道德认知与道德判断作为道德思维的具体表现形式，同时是道德思维水平的两个重要衡量指标，具有不可替代性。关于 DIT2 和 MJT 问卷的编制背景、意义和内容，本书已经在前文进行了阐述，在此不再重复。综上，本研究遵循科尔伯格的道德认知发展理论，综合运用莱斯特的确定问题测量方法和林德（Georg Lind）道德判断测量表，得出以下统计思路图：

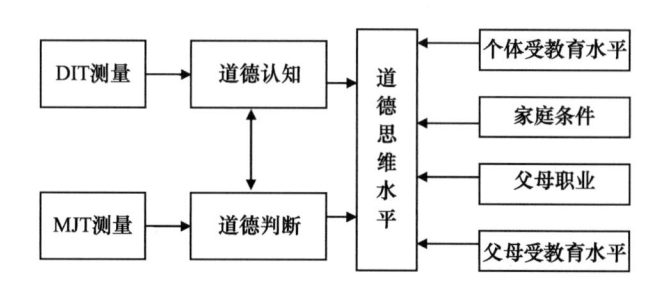

图 3.1 道德思维与犯罪青少年关系实证研究统计思路

DIT2 的计分指标是道德认知能力 P 分数和 N 分数，本书选取了 P 分数进行统计。由于确定问题测验是在科尔伯格道德理论中发展出来的，针对科尔伯格道德发展理论较为关注后习俗思维的发展而设计。因此，P分数表明了被试做出道德两难决定时原则性道德思维的重要程度。本研究选取了 DIT2 故事中的前两个故事饥荒和记者，每一个故事由三部分组成。被试需要先对故事主人公的做法进行赞同选择，一共有 7 个选项；接着每个故事后面有 12 个问题，代表 2—6 个道德发展阶段的水平，被试需要根据 5 个等级对每一个问题的重要性进行选择；接着被试需要根据 5 个等级，对 12 个问题的重要性排序。虽然 DIT2 的问题涉及道德认知发展的 2—6 阶段，但 P 分数最终是对被试的回答符合第 5、6 阶段的答案进行计分，然后除以总分后所得的分数。具体计分方式为：第一重要——4 分，第二重要——3 分，第三重要——2 分，第四重要——1 分，每一故事计有 10 分（4+3+2+1=10），两个故事共 20 分。计算公式为：P =（第 5 阶段得分 + 第 6 阶段得分）/20×100%。道德认知分数根据有关文献：0—20% 为前习俗；21%—50% 为习俗水平；51%—100% 为后习俗水平。

MJT 的计分指标是道德判断能力分，即 C 分数，C 分数是一个从 1 至 100 的数值，它的统计学意义是被试反应的所有总差异中，由各个论点本身所包含的道德因素决定的差异在其中所占的比例。本书选取 MJT 中的前两个故事工厂风波和医生的困境，每一个故事都会设计两个观点供被试者选择，赞成或不赞成又各自包含 6 个支持的理由，每一个理由需要被试者从 –4 到 4 的九个维度进行选择。林德（G. Lind）已事先确定好每一理由所对应的道德发展阶段，具体题号为：

表 3.1　　　　　　　　MJT 量表不同阶段题号

	工厂风波		医生的困境	
	赞成	不赞成	赞成	不赞成
阶段一	2	13	5	11
阶段二	6	10	4	12
阶段三	4	12	7	8
阶段四	3	8	6	13
阶段五	7	11	3	9
阶段六	5	9	2	10

本研究 C 分数的统计采用手工计算的方法来进行，分为五个步骤进行：

第一，计算总体方差的平均数，即对 MJT 两个故事中 24 个论点的分数相加，平方后除以 24。具体公式为：SSMean = （Mean1 + Mean2 + … + Mean24）^{2}/24。

第二，计算总体离差平方和，具体公式为：SSDeviation = （Mean1^2 Mean2^2 + … + Mean24^2）– SSMean。

第三，计算发展阶段总体平方和，将属于同一阶段的四个项目值进行相加，然后总体平方，例如第一阶段的计算方法为：（Mean1. wor，pro + Mean1. wor. con + Mean1. doc，pro + Mean1. doc，con）^{2}，接着重复上面的步骤完成六个阶段的计算。

第四，计算 SSstag 值，即将第三步中六合阶段的分数相加并除以4，最后减去 SSMean。具体公式为：SSstag = (Mean1. wor，pro + Mean1. wor. con + Mean1. doc，pro + Mean1. doc，con)^2 + (Mean2. or，pro + Mean2. or. con + Mean2. doc，pro + Mean2. doc，con)^2 + … + (Mean6. wor，pro + Mean6. wor. con + Mean6. doc，pro + Mean6. doc，con)^2/4 – SSMean。

第五，计算 C 分数。首先将 SSstag 除以 SSDeviation，得到决定系数 r^2，在将这个数字除以 100 就可以了。具体公式为：C = r^2 × 100 = (SSstag/SSDeviation) ÷100。根据 Chone（1988）研究认为，C 分数有时可以划分为下面几个等级：1—20 分为前习俗；21—50 分为习俗水平；51—100 分为后习俗水平。

二　研究结果与假设验证

（一）P 分数结果分析

本次 P 分数调查的总人数为 300 人，有效问卷为 277 人。从问卷所展现的道德认知水平可见，最小值为 0，最大值为 0.95，被试全部没有超过数值 1，数值较小。前习俗水平 36 人，占总样本的 13%；习俗水平 162 人，占总样本的 58.5%；后习俗水平 79 人，占总样本的 28.5%。从图 3.2 中的 P 分数频率图能够更直观地看到：习俗水平的人数占据最大比例，而后习俗水平的比例又大于前习俗水平，调查结果比较符合科尔伯格的有关论述。鉴于大部分犯罪青少年的年龄，应处于习俗水平，但考虑到被试群体离犯罪行为的时间已久，并已进行了较长时间的矫治，以及整体数值偏低的事实，犯罪青少年的道德认知情况并不乐观，本书持保留意见。如要进一步分析道德思维水平的发展情况，还需结合 C 分数进行考量。

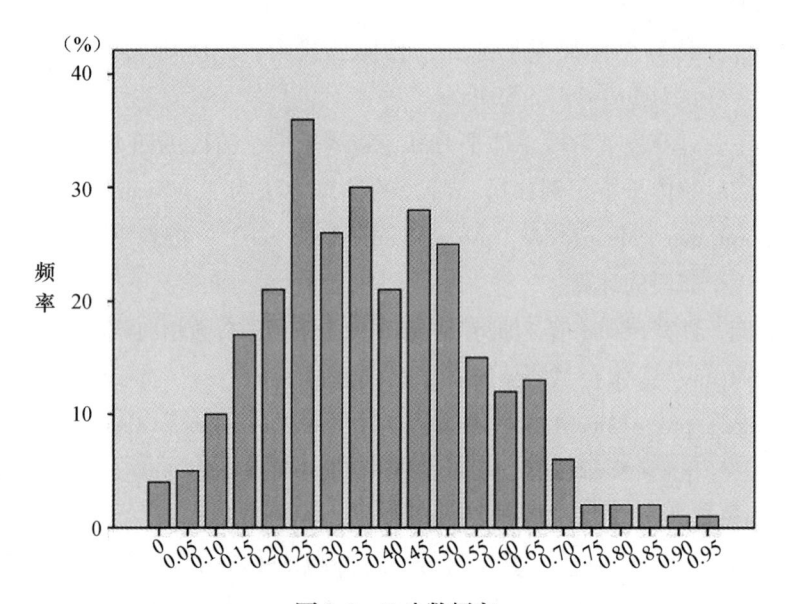

图 3.2　P 分数频率

表 3.2　　　　　　　　　　P 分数频次分布

P 分数	频次	百分比（%）	有效百分比（%）	累计百分比（%）
0	4	1.4	1.4	1.4
0.05	5	1.8	1.8	3.2
0.10	10	3.6	3.6	6.9
0.15	17	6.1	6.1	13.0
0.20	21	7.6	7.6	20.6
0.25	36	13.0	13.0	33.6
0.30	26	9.4	9.4	43.0
0.35	30	10.8	10.8	53.8
0.40	21	7.6	7.6	61.4
0.45	28	10.1	10.1	71.5
0.50	25	9.0	9.0	80.5

续表

P 分数	频次	百分比（%）	有效百分比（%）	累计百分比（%）
0.55	15	5.4	5.4	85.9
0.60	12	4.3	4.3	90.3
0.65	13	4.7	4.7	94.9
0.70	6	2.2	2.2	97.1
0.75	2	0.7	0.7	97.8
0.80	2	0.7	0.7	98.6
0.85	2	0.7	0.7	99.3
0.90	1	0.4	0.4	99.6
0.95	1	0.4	0.4	100.0
合计	277	100.0	100.0	—

表3.3　　　　　　　　道德认知水平频次分析

道德认知水平	P 分数	频次	百分比（%）
前习俗阶段	0—0.15	36	0.13
习俗阶段	0.2—0.45	162	0.59
后习俗阶段	0.5—0.95	79	0.29

（二）C 分数结果分析

本次 C 分数调查的总人数为 300 人，有效问卷 192 份，无效问卷 37 份，数据缺失 71 份。平均值为 20.0879，最小值为 0.62，最大值为 61.17。可见犯罪青少年道德判断的平均水平属于前习俗阶段，结合之前 P 分数的计算结果，犯罪青少年的道德思维发展情况属于较低水平，需要引起学者们的关注。

表3.4　　　　　　　　　　C 分数结果

人数	有效	192
	缺失	71
平均值（M）	20.0879	
最小值	0.62	
最大值	61.17	

(三) 道德判断情况与相关因素分析

1. 道德判断与家庭年人均收入情况

本次 C 分数与家庭年收入情况分析，有效问卷 192 份，数据缺失 2 份。家庭年收入 5000 元以下 46 人，5000—1 万元 30 人，1 万—3 万元 66 人，3 万—6 万元 29 人，6 万元以上 19 人。通过 C 分数平均值与家庭年收入的关系图可见，C 分数均值与犯罪青少年的家庭年收入呈负相关的关系，即家庭年收入越高，C 分数的均值越小，除了家庭年收入在 5000—1 万元的区间呈正相关，即家庭年收入越高，C 分数的均值越大。

表 3.5　　　　　　　　家庭收入

家庭年收入	人数
5000 元以下	46
5000—1 万元	30
1 万—3 万元	66
3 万—6 万元	29
6 万元以上	19
总数	190

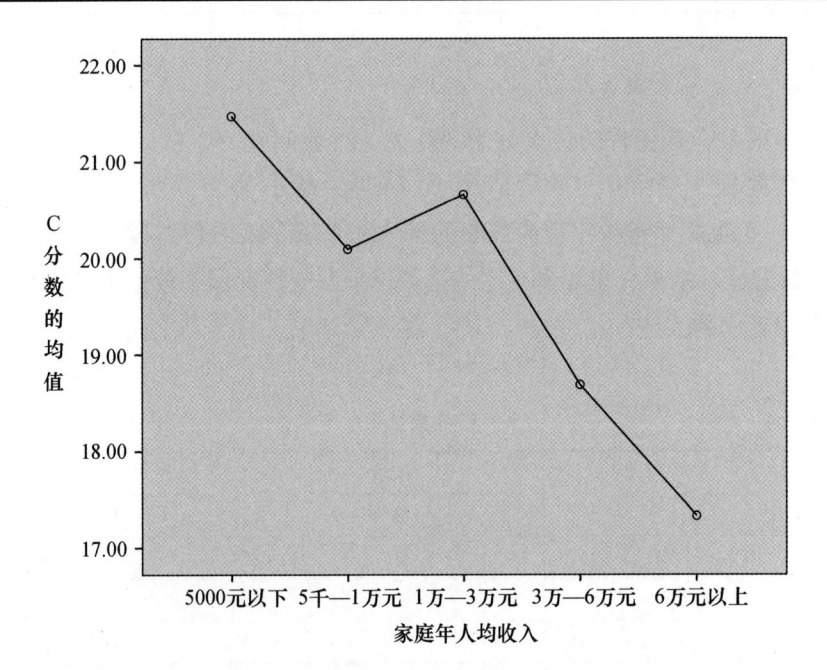

图 3.3　家庭年人均收入与 C 分数关系

2. 道德判断与父亲职业情况

本次 C 分数与父亲职业情况分析，有效问卷 192 份，数据缺失 5 份。被试父亲从事党政机关工作 2 人，从事科教文卫工作 2 人，从事三资企业工作 6 人，从事国有企业工作 7 人，从事私企工作 32 人，下岗待业 10 人，农民 84 人，从事其他职业 44 人。通过 C 分数与父亲职业关系图可见，犯罪青少年父亲从事党政机关工作的 C 分数均值最高，其次是下岗待业和私企；从事国有企业工作的 C 分数均值最低，其次是农民。

表 3.6　　　　　　　　　父亲职业情况

父亲职业	人数
党政机关	2
科教文卫	2
三资企业	6
国有企业	7
私企	32
下岗待业	10
农民	84
其他	44
总数	187

3. 道德判断与母亲职业情况

本次 C 分数与母亲职业情况分析，有效问卷 192 份，数据缺失 3 份。被试母亲从事科教文卫工作 3 人，从事三资企业工作 3 人，从事国有企业工作 10 人，从事私企工作 24 人，下岗待业 9 人，农民 94 人，从事其他职业 46 人。通过 C 分数与母亲职业关系图可见，犯罪青少年母亲从事三资企业工作的 C 分数均值最高，其次是私企和下岗待业；从事国有企业工作的 C 分数均值最低，其次是农民。与之前道德判断与父亲职业情况相比，具有一定的一致性。

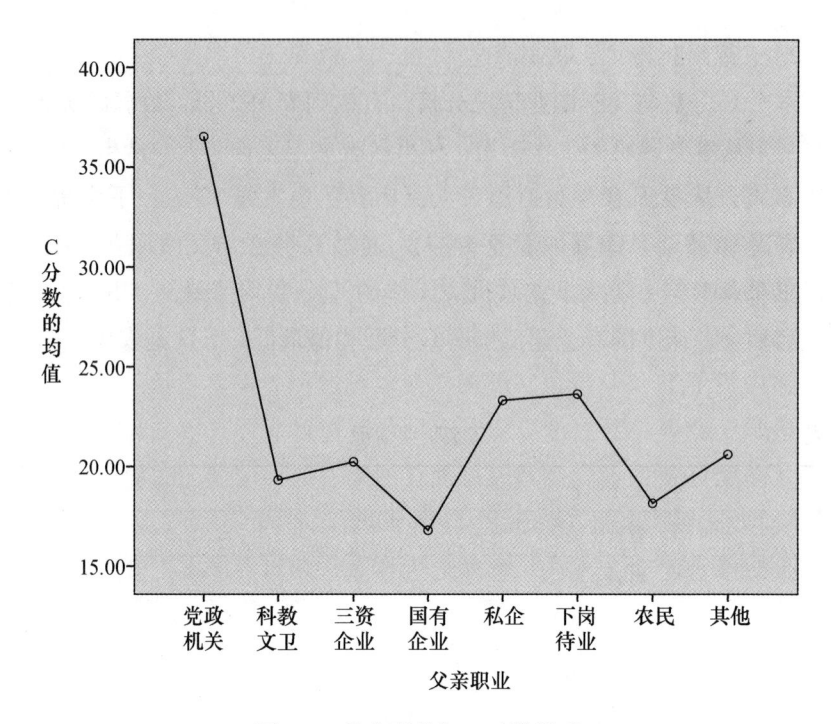

图 3.4　父亲职业与 C 分数关系

表 3.7　母亲职业情况

母亲职业	人数
科教文卫	3
三资企业	3
国有企业	10
私企	24
下岗待业	9
农民	94
其他	46
总数	189

4. 道德判断与犯罪青少年学历情况

本次 C 分数与犯罪青少年学历情况分析，有效问卷 192 份，数据缺失 1 份。被试为小学学历 56 人，初中学历 97 人，高中、中专学历 32 人，大专学历 1 人，大学本科学历 3 人，硕士及以上学历 2 人。可见，犯罪青

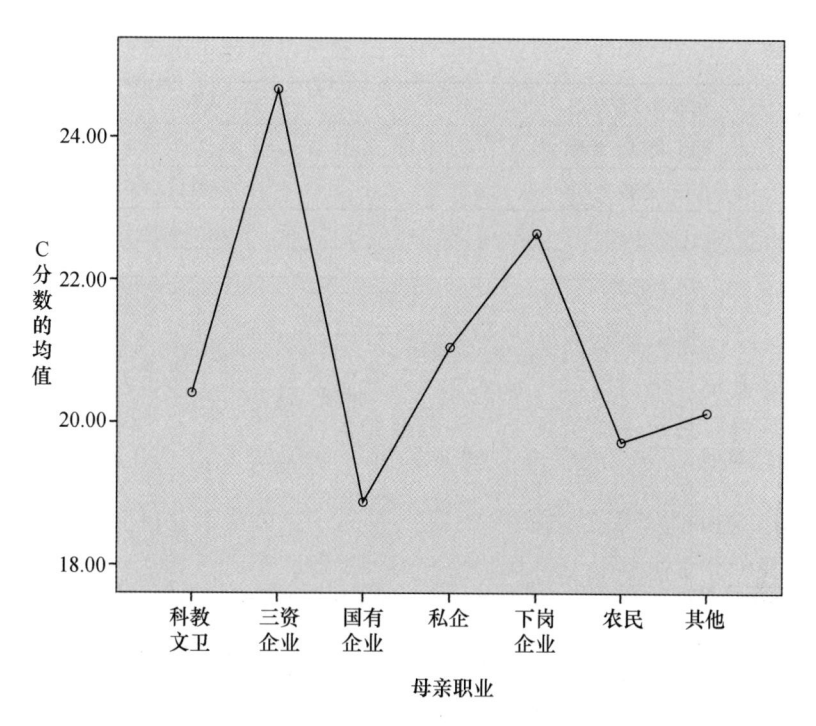

图 3.5　母亲职业与 C 分数关系

少年的学历水平明显较低，大多为高中、中专之前学历。需要说明的是，这些被试群体中并没有真正具备硕士学历的人，故填写硕士学历的两人信息填写不真实。而填写其他学历的被试者也只是理解为自己进过所填学校的大门便是什么学历了，事实上，被试者的学历水平普遍属于小学、初中文化。通过对犯罪青少年学历与 C 分数的关系图可见，学历水平低的犯罪青少年相较于学历水平高的犯罪青少年 C 分数平均值较低。

表 3.8　　　　　　　　犯罪青少年学历情况

犯罪青少年学历	人数
小学	56
初中	97
高中、中专	32
大专	1
大学本科	3

犯罪青少年学历	人数
硕士及以上学历	2
总数	191

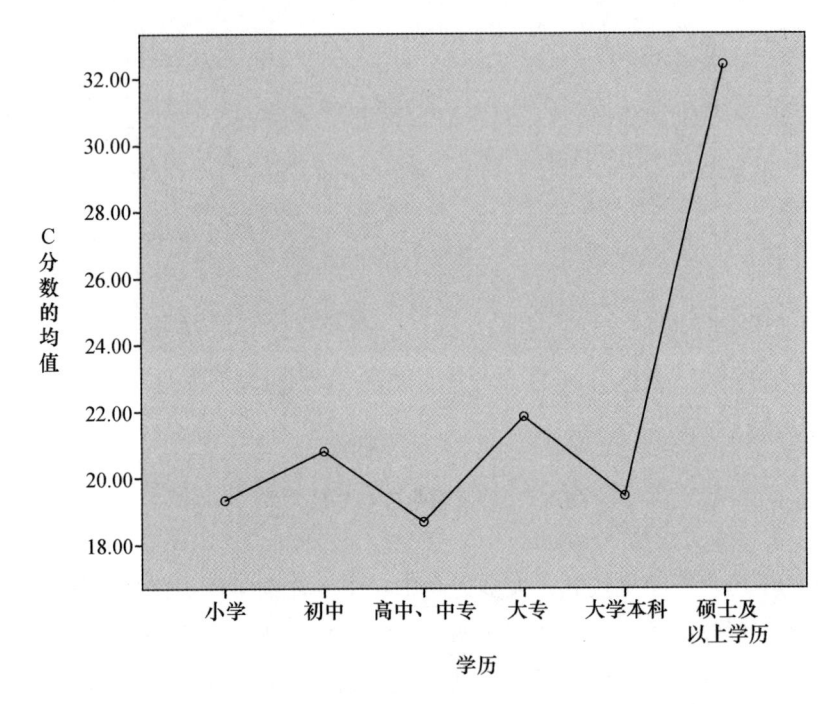

图 3.6 犯罪青少年学历与 C 分数关系

5. 道德判断与父亲学历情况

本次 C 分数与犯罪青少年学历情况分析，有效问卷 192 份，数据缺失 2 份。被试者父亲为小学学历 76 人，初中学历 75 人，高中、中专学历 24 人，大专学历 7 人，大学本科学历 6 人，研究生及以上学历 2 人。整体来看，犯罪青少年父亲的学历水平普遍较低，多属于高中、中专学历以下。从父亲学历与 C 分数的关系图可见，父亲学历为大学本科的 C 分数的均值最低，其次是大专。但鉴于大专以上学历人数较少，代表性低，很难说明父亲学历与道德判断水平的正负关系。

表 3.9 父亲学历情况

父亲学历	人数
小学	76
初中	75
高中、中专	24
大专	7
大学本科	6
研究生及以上学历	2
总数	190

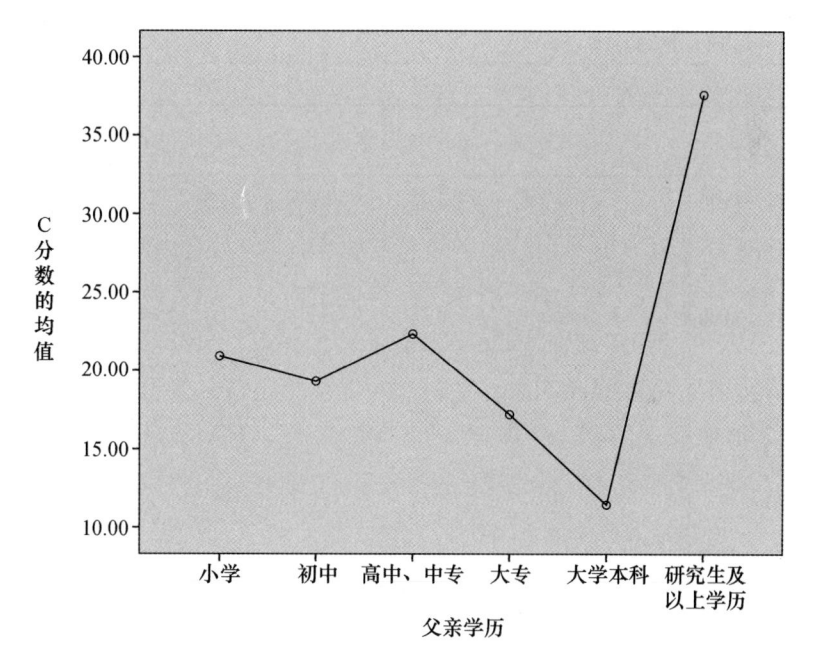

图 3.7 父亲学历与 C 分数关系

6. 道德判断与母亲学历情况

本次 C 分数与犯罪青少年母亲学历情况分析，有效问卷 192 份，数据缺失 2 份。其中小学学历 88 人，初中学历 65 人，高中、中专学历 25 人，大专学历 3 人，大学本科学历 5 人，研究生及以上学历 4 人。和之前的父亲学历一样，母亲学历水平大多属于高中、中专以下，学历水平较低。通过母亲学历与 C 分数关系图可见，母亲为大专学历的 C 分数均值最低，其次是大学本科，这一点和父亲学历的情况具有一致性。从关系图中也很难描述道德判断与 C 分数的正负关系，相关性程度不高。

表 3.10　　　　　　　　母亲学历情况表

母亲学历	人数
小学	88
初中	65
高中、中专	25
大专	3
大学本科	5
研究生及以上学历	4
总数	190

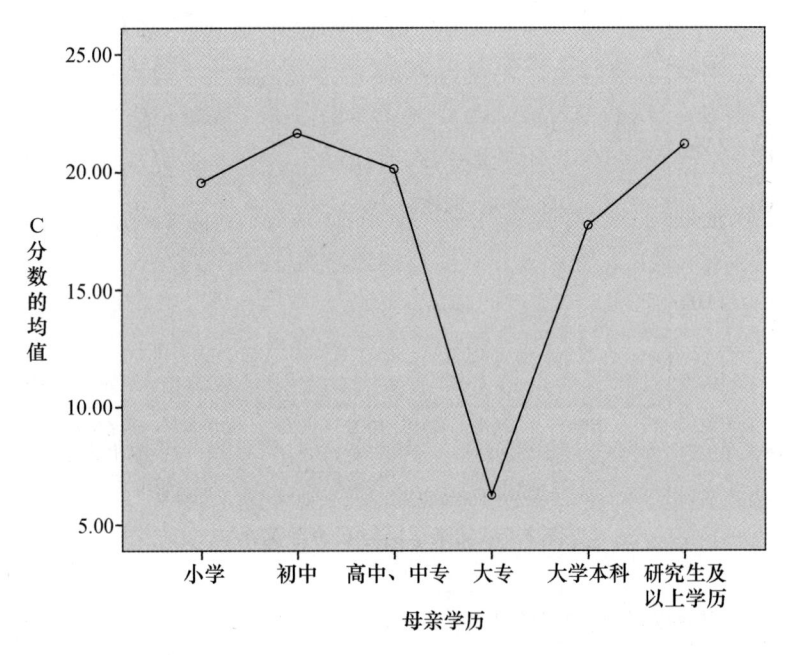

图 3.8　母亲学历与 C 分数关系

三　讨论与建议

从研究结果来看，犯罪青少年道德思维发展水平较低，大多属于前习俗水平。虽然通过 P 分数得出的结论是以习俗水平居多，但鉴于 P 分数与 C 分数的数值过低，因此，本书假设犯罪青少年道德思维水平低的命题成立，如果学界从道德思维水平入手进行预防矫正研究，便可以减少青少年犯罪行为的发生。本书的第二个假设，考虑到被试群体距离犯罪的时间较长，以及个体年龄的增长，假设被试道德思维水平要比犯罪时或犯罪前的道德思维水平高。考虑到现有研究结果呈现的道德思维水平较低的事实，那么易犯罪青少年群体和刚犯罪青少年群体的道德思维一定属于较低水平，故道德思维作为青少年犯罪预防的有效手段具有较大的现实意义。假设三是关于犯罪青少年的道德思维与其所受教育程度的相关性，结果证实犯罪青少年的受教育程度越高，其道德思维水平也较高。教育作为道德思维的重要影响因素，将成为本书进行青少年犯罪预防活动的重要阵地。家庭是青少年获取社会经验的重要场所，更是道德思维最早介入的环境因素，假设四、五和假设六都是针对家庭环境对道德思维发展水平的影响。虽然调研内容是从家庭条件、父母职业和父母受教育程度展开，但是本书相信真正影响犯罪青少年道德思维水平的是父母本身的道德思维水平，本书认为成人的道德思维发展从低到高分别是以现在控制为目的的道德思维、以将来发展为目的的道德思维和以永恒追求为理想的道德思维。成人不同的道德思维水平对青少年的道德思维塑造具有较大的影响，更是成人塑造青少年道德思维的不同理念。以现在控制为目的的道德思维培养是指成人根据青少年当下的需要和自己对青少年的期望所进行的道德思维教育活动，这一活动是朴素的教育活动，属于较低层面的道德思维培养；以将来发展为目的的道德思维培养是指成人能够预见到青少年未来的生活环境与挑战，创造性地开发道德思维内容和方法，这种道德思维教育活动是较高层面的活动；以永恒追求为理想的道德思维是帮助青少年达到一种更高的自由境界，即放任不管的较高境界。但是我们通过问卷本身来求证犯罪青少年父母的道德思维水平与犯罪青少年自身道德思维水平的关系，只能通过犯罪青少年父母的一些情况，侧面了解犯罪青少年父母的影响因素。这也是本书从道德思维理论入手进行犯罪预防研究的原因所在，现有的实证研究尚不足以全面了解道德思维的情况。

第二节　道德思维培养与青少年犯罪预防矫正的趋同性

一　问题青少年教育矫正管理与青少年犯罪预防矫正

（一）青少年犯罪预防有利于问题青少年教育矫正管理

预防就是预先做好事物发展过程中可能出现的偏离预期结果或普遍规律采取的应对措施，而青少年犯罪预防的实质是让其自身意识到偏差，并能预见偏差，形成内在预防体系的活动。这项活动类似于内因和外因的交互作用，从而最大限度地挖掘青少年"自我矫正"的潜能，达到先知先觉的境界。本书在此谈到先知先觉，表达的是一种境界和状态，从哲学上来讲，先知先觉的观点便是联系、发展、辩证地看问题，这和道德思维的培养不谋而合。人终其一生都在寻找确定性，道德思维作为一种与思维存在相对应的认识系统要依靠习得，即道德思维培养活动，这也是本书青少年犯罪预防研究的内容。问题青少年是指心理、思想和行为与社会公德、法律规范不相适应，对社会和公众可能和已经造成侵犯的特殊群体。心理问题包括心理异常和心理变态；行为问题包括不良行为、一般违法行为和犯罪行为；思想问题包括道德失范、信仰迷失和公德缺失。问题青少年教育矫正管理便是针对上述青少年问题所进行的矫正活动。从主体范围上来讲，问题青少年要比犯罪青少年范围更广，涵盖了犯罪青少年群体；从时间跨度上来讲，问题青少年的时间跨度更大，不仅包括后期的青少年犯罪行为，还包括前期的非犯罪行为；从严重程度上来讲，青少年犯罪行为属于青少年问题中最为严重的程度，一些青少年问题只要稍加控制，不继续恶化，便不会发展到犯罪的程度。简单来看，青少年犯罪行为只是青少年诸多问题中的一种，并没有太大的交集。但若从青少年犯罪预防与问题青少年教育矫正管理的关系来看，青少年犯罪预防有利于问题青少年教育矫正管理。首先，青少年犯罪预防不仅仅包含青少年犯罪之前的预防，还包括青少年再次犯罪的预防，青少年的诸多问题中任何一个因素都会对犯罪行为产生影响；其次，青少年犯罪预防工作的总体思路应该是防微杜渐，如果能较早关注问题青少年的教育矫正管理活动，势必会减轻青少年犯罪的压力；最后，无论是问题青少年教育矫正管理,还是青少年犯罪预防研究,最终目标都在于帮助青少年找回本真,这一观点将在下文详细论述。总之,在了解问题青少年教育矫正管理与青少年犯罪预防的一致性关系后,将为接下来的预防工作打开视野。

(二) 青少年犯罪预防与矫正不能局限于犯罪本身

心理学针对犯罪青少年的心理问题进行疏导,犯罪学针对青少年的犯罪问题进行矫正,一样的病理研究方式,不一样的病症。如果说人的生理、心理问题是明确的,人们可以依靠专家的经验、高明的医术、好的药物等外在方式使人恢复健康,但学界针对青少年犯罪预防与矫正研究却不能遵循这一方式。世界上最为复杂的研究对象是人,最应被尊重的研究对象也是人。当学者们使用各种工具对犯罪青少年进行归类和分析时,很容易忽视犯罪青少年作为一个正常个体的共性特征,且这些工具本身也是人类主观意愿的体现。说到底,无论是科学的还是感性的、控制还是非控制,青少年内在的特性始终不会发生变化。换句话说,如果学界只将视线放在青少年犯罪行为本身,只研究与犯罪行为直接相关的因素,希望通过西医治病的方式解决青少年犯罪问题,结果经常不尽如人意,这也是青少年犯罪率居高不下的原因所在。本书在道德思维视角下进行青少年犯罪预防与矫正研究,如同选择了一条中医养身的路径,虽然无法立竿见影,但却能从源头上解决青少年的诸多问题。首先,本书将犯罪青少年置身于普通青少年群体中进行分析和研究,不同群体中的不同问题,归根结底是人的问题,人类共有的道德品质是既有的宝贵财富,针对人类世界中存在的偏差和错误,不能将其划分为非正常人类而看待,最终还是无法排除人类本身的劣根性和问题,谈何帮助青少年找到人生的方向。其次,青少年犯罪行为的产生不是一蹴而就的,要真正达到犯罪预防矫正的目的,就要到犯罪行为之前进行预防和矫正,从源头上发现犯罪行为产生的原因,这就要求不能只将研究对象局限为犯罪青少年,还要放眼于问题青少年这一群体。最后,犯罪本身是人类劣根性的体现,真正实现青少年犯罪预防矫正的目的,需要从人自身的内部结构进行分析,为克服人性的弱点而努力。

(三) 青少年犯罪预防与矫正的最终目的

基于道德思维视角下开展青少年犯罪预防与矫正研究,会给人造成一种舍近求远的印象。很多学者会质疑,既然是针对青少年犯罪问题的预防与矫正研究,只需要将犯罪青少年具有共性特征进行梳理和整理,并对这些因素进行干预便可达到预防与矫正的目的。但是社会对犯罪青少年的期望不仅仅是不再犯罪,且以复仇和惩罚为手段的矫正策略无法让犯罪青少年找到自己的人生方向,这便是本书十分关注继而研究的地方,寻求本身,更是青少年犯罪预防与矫正的最终目的。人们每天都面对一个问题,那便是要成为怎样的人,应该如何生活。寻找人类最本真、最原始、最本质的快乐和幸福是一个人终其一生都在寻找的答案,无论是非犯罪青少年、犯罪青少年,如果还有生的机会和时间,人们便不会放弃对本真的寻找。举一个例子,当人们对犯罪人深恶痛绝时,被害人也在伤害中久久不能自拔。在被害人心目中,犯罪人需要接受最严厉的惩罚才能够消解自己的愤怒。本书在前文中谈到道德思维对于犯罪人而言,能够体现被害人的痛苦,从而反思自己的行为,停止犯罪。相对应地,被害者以及家人也需要通过道德思维活动,去了解伤害自己的人。人际之间需要互相了解,犯罪人的痛苦和被害人的伤害需要同时被感知,试想这种感知若能在犯罪行为之前能够实现,人际矛盾得以解决,犯罪便不再存在。在世界的某一个地方,会偶尔发生被害人及家人原谅犯罪人的感动场面,很多被害人及家人被犯罪人的深切悔恨和所引发的家庭苦难深深震撼。青少年犯罪问题作为全世界的难题之所以让人们如此痛心,不仅在于其牵涉的关系之复杂,更在于人类对未来的恐惧。

二 教育实践活动:青少年犯罪预防与矫正的实施载体

(一) 教育实践活动的塑造与改造倾向

曼海姆的知识社会学认为,人的思维方式是由社会环境和生活状况决定的,故知识社会学也被称为"社会境况决定论"。青少年在思维发展过程中一般都要经历一个过程,曼海姆称之为"超越冲动",表现为青少年超越原有价值观和思维束缚的强烈愿望。① 能否产生超越冲动,就要看青少年所处的环境是否发生变化,如果青少年所处的环境没有发生太大的变化,也没有接受新的思维训练,则很难质疑原有的思维。其实曼海

---

① 林建成:《曼海姆的知识社会学》,河南人民出版社2011年版,第254页。

姆的观点和本书的道德思维活动中有相似的地方，都在寻找道德思维可培养的方法，也一样定位在教育实践活动。提到教育实践活动，人们便会想到教育塑造和教育改造两个概念，两者都致力于对个体的内在思维和外在行为进行规范，具有相似性。实际上，两者具有一定的区别，区别在于改造人与被改造人内在的主观价值定位不同。教育塑造是教育界的公理性命题，教育塑造人，同时人也在塑造着教育。教育塑造强调人的可塑性，那么是否意味着教育塑造是人"未定型"基础之上的，那么对于"已成型"主体的教育是否仅仅包含塑造，还是属于改造。对于教育改造的概念，一方面将其等同于教育改革；另一方面作为监狱改造的重要形式，是改造罪犯的重要手段。可见，教育塑造和教育改造具有相互作用性，都在强调"我"的价值，主客体之间同样都具有相互作用性。分析教育实践活动的塑造与改造倾向，有助于本书对青少年犯罪预防研究有进一步的了解，明确教育实践活动作为犯罪预防手段的不可替代性，并对教育实践活动的内涵和外延有一个深刻认识。

(二) 教育塑造与教育改造的关系

不论青少年犯罪预防与矫正研究是倾向塑造还是改造，长期以来，教育实践活动到底是塑造人还是改造人一直是人们不断争论的焦点。通过古代教育思想家们对教育活动的解读，大多注重道德的养成，一些教育学家甚至认为教育的过程就是塑造人成为道德人的过程。当然道德的养成是塑造还是改造，要看建立在何种基础以上，但将道德教育放在教育的首位，显示了青少年犯罪预防的警示作用。除此之外，教育实践活动要尊重受教育者的天性，这与道德思维培养活动的目的具有一致性，都注重个体的本真。教育实践活动在主客体方面，非常强调受教育者的主体第一，积极探求受教育者的主观能动性，并承认外在环境的作用。这些特点无疑与道德思维的本质不谋而合，教育实践活动作为道德思维的培养活动具有不可替代性，更是青少年犯罪预防活动的载体。值得指出的是，教育塑造的出发点是人性善，教育改造的出发点则是人性恶，既然道德思维是人生来具有的美德，那么教育实践活动要做的就是要激发个体的潜能。但是不能忽略人的劣根性，它和道德思维一样存在于人们的大脑中，这也是青少年问题频发的原因。如果我们从教育界的教育实践活动入手进行青少年犯罪预防工作，还需考虑一个问题，那便是教育塑造更多的基于人性善,但在塑造的过程中,人的状态已经发生改变,在塑造的过程中个体要不断地修正之前的部分,以保证结果的准确性。总之,教育改造存在于教育塑造的过程中,教育改造的过程也是人们进行教育塑造的过程。本书对教育塑造和教育改造进行分析和总结,是出于青少年犯罪预防工作的需要。一方面,教师把精力放在了塑造优等生,对有困难和问题的学生关注不够,无法达到预防目的;另一方面,在矫正教育中,要遵循教育基本规律,更好地达到预防再犯罪目的。

(三)教育与司法中的教育实践活动

综上可见,青少年犯罪预防与矫正研究离不开教育实践活动本身,之所以从塑造和改造的角度对教育实践活动进行区分和总结,是想重新界定犯罪预防活动中的教育实践活动,丰富其内涵和外延,最终达到预防犯罪的目的。本书认为,以青少年犯罪预防为目的的教育实践活动涉及教育和司法两个领域,虽然教师是培养人、塑造人的职业,司法工作人员是帮教人、改造人的职业,试想人们的状态都达到了教育目的,那也就不存在教师抑或警察的职业。在教育目的没有实现之前,没有塑造的人或产生偏差的人需要被改造,这一过程完全没有必要等到犯罪行为发生后进行。因为塑造本身也存在可改造的成分,如果能在可改造程度高的时候进行及时干预,使教育功能最大化,可减轻后期的压力。相对应地,在司法矫正过程中加大塑造的成分,不但可以改善改造主客体之间的关系,还可以提高矫正的效率。具体思路为:第一,学校教育引入预警机制。党的十八大将立德树人作为教育的根本任务,将德育放在教育为首位。可见,学校是青少年成长的重要场所,要重视道德品质的养成,在成才与成人的问题上,将成人置于成才之前。如果将不同程度的青少年问题进行整理,不难发现青少年的犯罪行为不是一蹴而就的,犯罪青少年的成长伴随着一系列的越轨行为,如何在教育领域,重视改造成分,真正发挥教育的预警作用是本书的重要研究内容。第二,监狱矫正重教育。现阶段,监狱要想突破现有的"瓶颈",需要广泛吸收教育界的优秀成果。监狱改造的出发点和落脚点是以培养和改造人为目的,当社会将改造罪犯转化为改造人性的弱点,监狱改造的内涵便会更加丰富,让教育理论真正走进司法领域。综上,以青少年犯罪预防与矫正为目的,道德思维为视角开展的教育实践活动,与一般意义上的教育活动不同。

三 道德思维教育：道德思维培养的有效途径

本书的预防与矫正研究是青少年道德思维培养的教育实践活动。从领域上来讲，分为家庭、学校、社会和司法；从阶段上来讲，分为犯罪之前的预防矫正和再犯罪的预防矫正研究；从内容上来讲，分为正规的道德思维教育活动和非正规道德思维教育活动。狭义上的教育实践活动是以教育领域为主的，广义上的教育实践活动则要宽泛得多。这里有几个问题需要厘清。

第一，道德思维教育活动的性质。道德思维作为一种研究视角，不同于既有的理论框架，而是将设计道德思维研究的各学科知识进行整合，找到道德思维的基本运行机制和本质属性。可见，道德思维视角是跨学科的视角，是全新的关于道德思维的研究成果分析。如此，道德思维教育实践活动，不同于一般意义上的学科教育，鉴于道德思维作为道德品质培养活动的路径，道德思维教育实践活动属于道德教育的范畴，是以青少年犯罪预防为目的的道德教育。本书从个体的道德思维出发，将道德教育同道德思维的规律和特点联系起来，从而探寻道德思维与道德教育的契合点，是反思现有道德教育效率低下的路径。学界追求青少年不犯罪的目的与追求青少年拥有好的行为规范路径是相同的，其基本要求是拥有较高的道德品质，所谓的不犯罪，不过是青少年道德品质的底线而已。要实现青少年犯罪预防的目标，不仅需要关注青少年的道德底线，还需要关注青少年的道德养成，摒弃头痛医头、脚痛医脚的研究范式，将预防研究的功用发挥到最大。

第二，了解道德思维在道德教育的地位和作用。以道德思维的视角进行道德教育活动，可以最大限度地提高道德教育的效率，这与道德思维在道德教育中的地位和作用不可分割。道德思维需要全新的道德教育目标和方法。道德思维的特殊性表现为类我、内我和情理交融，这就要求道德思维的目标不仅在于让受教育者掌握一定的道德知识，还要关注个体进行道德思维活动的运行机制和内在规律，以及对道德困境和人际冲突的反思和把握。通过第二章道德思维理论部分的梳理，道德思维的运转不仅要有批判层面的充分运演，还要有直觉层面的情感参与。作为普通人，人们每天会受到诱惑和压力，这时候的"我们"很容易"捏造"

自己的道德思维，以迎合自身的利益。举例来讲，人们太容易说服自己，为了自己逃出某种困境而撒谎，哪怕对别人造成伤害。如此，假使人们要学会道德的、技巧的和不会产生不良后果的处事方法的话，那么人们需在心理上及实践上持有相对简单的行为原则。长期以来，德育界对直觉层面的情感因素抱着一种烘托、催化的认识，并没有将情感因素作为道德教育的重要参与部分。目前神经科学对道德思维的研究更是表明，情感因素甚至是道德思维中最为重要的部分，不仅是情理并重这般简单。道德思维作为一种类我思维，要求将内外部关系平等化，是"我"与"我"的对象和交流。

第三，关注道德思维的其他特殊性。道德思维发展的阶段要求道德教育要遵循一定的规律和形式，个体逐渐转化为道德人的过程，道德思维不断发展和成熟，最终达到较高水平。道德思维能够解释个体内在的道德思维活动规律，具体过程对德育方法的选择和应用上有新的要求。例如，道德思维通过个体道德困境和人际矛盾的感知进行判断和选择，继而发展和反思自己的道德思维水平，情景化的道德方法更适合道德思维活动的运行。而且道德思维视角下的道德教育评价不能停留在对道德知识的掌握，而要采用更为灵活和内在的评价标准。将道德思维情况与个体的日常生活、学习情况相结合，综合、全面地掌握个体道德思维的发展情况。

总之，教育实践活动是进行道德思维培养的有效途径，道德思维培养活动作为道德教育的全新尝试，将从道德教育理念、内容、方法和评价等方面进行创新，从而提高现有道德教育的效率，更好地达到青少年犯罪预防的目的。这也是本书致力于解决的道德现实问题，本书将详细论述道德思维教育实践活动的具体的实施步骤和方法，找到道德思维教育实践活动的重要突破口。

第三节　青少年道德思维活动的可预防与矫正

一　道德思维的培养属于自我控制的范畴

（一）道德思维需要"道德想象力"

学会自我控制，其目的是引导人们学会道德思维，不仅是道德思维，任何思维的萌芽都存在于人的内心深处，甚至在幼儿的内心深处。但是人们时常会忽略这一萌芽，一些不能得到很好的发展和开发，另一些则可以得到照顾和培养，直到它发展壮大，区别的关键在于人们是否能意识到它并适度干预。一些人的道德思维发展到一定的阶段后，便不会再发生改变，他们甚至都不清楚自己具备这样的财富。被忽视的道德思维是不存在的，它可能每天存在于人们的日常生活中，也可能被人们抛诸脑后。本书在这里并不是只想阐述道德思维的意义，而是道德思维的可预防性，即道德思维作为人类的优秀品质是否可以被控制和干预。一位智者不但可以进行道德思维，还可以控制自己的道德思维。我们知道，一个人如果要接受新的观点，需要先把旧的观点隐藏起来，在实际操作过程中并不容易，观点出于人的情感和需要，人们面临一个棘手的问题，需要本身是否可以被控制。关注和需要都不受人的控制，尽管如此，人们却具备调控能力，特别是预见力，也称为道德想象力。这一切的能力来源是耐心，如果没有耐心，人类便无法拥有道德思维，更没有自我控制的能力。道德想象力作为道德思维中类我特征的进一步体现，不但能够预测未来的事情，还可以脱离自身的禁锢，进入他人情感之中。个体的耐心水平建立在童年时期，教育学界较为常见的耐心培养课程便是延迟满足的训练。这种延迟满足的能力会改变人们的日常生活模式，这也正是道德思维可塑性的作用。改变中的行为可以改变人的道德思维，同时改变中的道德思维也可以改变人的行为。人们从婴儿时期起便需要学习耐心，例如幼儿期不再随意大小便，这是对婴幼儿肌肉耐性的锻炼。作为犯罪青少年来讲，如果能够克服几分钟的冲动，便会挽救自己及家人的生活。为了培养耐心，人们需要克服倦怠、惯性、固执等不良品质。随着年龄的增长，人们会较难接受新的思想和活动，类似于本性难移，仅仅固守着自己原本的东西。人们需要开阔头脑，发展其感受力、创造力，学会思想的开阔而博大，而不狭隘局限。

（二）自我控制是道德思维中"我"的改变

当外在的束缚越来越少，人便会逐渐失去其自我控制能力，法治社会和传统社会的区别在于，后者强调什么是对的，而前者强调什么是错误的。既然外部社会道德准则是既定的，人们又每天忙于生计，根本不会考虑为什么是对是错的问题。更甚者，青少年参加宗教活动的人越越少,虽然在世界历史进程中,宗教作为信仰的重要内容,长时间影响着人们的生活。可以说在很多地区,宗教不但控制着人们的行为,甚至是他们的思维本身。针对现代社会道德失范的种种问题,本书认为人们仍然需要信仰,需要一个诚实、没有价值判断的信仰;需要一个自然、和谐的信仰;一个充满希望、健康、幸福、智慧和快乐的信仰。这样的信仰代表着人们普世的价值观,人类智慧的结晶,和人们的日常生活不背离。因为如果没有这样的信仰,我们便无法去改变一个人,人们会变得没有规范、没有道德、没有责任。还需要考虑一个问题,这样的信仰是存在于理论还是实践中,对于一个道德思维水平较低的人,他们在作出决定时会借助既有的理论,但是对于一个道德思维能力较高的人,他们更愿意相信自己,故现代社会的信仰更多地存在于人的实践生活中。很多东西会影响人们的观点和判断,例如教育、习俗和个体的社会关系,前面提到人们天生会关注自己的兴趣爱好,自我保护是人类生存的最高法则。法律本身并不能变得有道德,一个被强制的人只能体现强制者的意愿,而不是他自己的。因为外部判断一个人的优秀品质,不是看他被迫做了什么,而是看他用心做了什么。

道德思维活动是原有道德原则和新的道德原则进行交流和选择的过程,这一过程对于个体作出怎样的道德判断产生着极为重要的作用,那么这一过程是否也可以被控制。人们需要练习,接受新的,抛弃旧的,这两个过程是同步的。当人们做好改变自己原有道德原则的一部分时,便需要做好修改自己剩下的旧原则的准备。针对青少年犯罪行为的矫正工作,首先要从道德思维的部分入手。人们需要明白的事实是,在任何环境和条件下,一个人都没有权力去主宰另一个人,更不能靠强制力去控制另一个人。甚至连父母都不能成为孩子的主宰者,他们应该通过其他方式实现,应该是一位引导者,一位监督者,他们要学会教育、影响,但不是强迫。这个世界上不是只有惩罚可以达到明显的效果,没有人愿意受制于外部因素的束缚,除非他的地位必须要服从别人意愿。强制力可以改变人的行为和环境,却无法改变人自身,因此人要成为一个独立的道德思维者。人类出于自身需要进行道德思维,一个人如何描述世界并不代表世界本来的面目,而是他们想象中的样子,同样一个东西,不同的人看到的结果不一样。这是因为,人们对与自己无关的事物没有概念，沟通与交流都出于自身角度，当我们说话时，只会关注自己的想法，但每一个道德思维者都需要了解道德思维需要被控制。中国古代的哲学家认为人的知识越少，就越容易被控制，一个不会进行道德思维的人很容易成为别人的奴隶，一个具备较高道德思维水平的人，能够在事情发生之前就能预见到事情的发生，且他们往往能提供一系列的方法和手段证明事情的发生。

二　犯罪青少年控制道德思维的可行性

（一）青少年犯罪行为的短暂性

青少年犯罪是一种特定时期的犯罪行为，国外犯罪统计发现："一旦迈入青少年期，犯罪率就开始急剧攀升至高峰，随后逐渐降低。Gottfredson 与 Hirsch 从 1990 年收集了不同国家、不同时代（19 世纪中期至 20 世纪末期）、不同种族的犯罪年龄分布，绘成曲线图后发现，10—20 岁犯罪率剧烈攀升至高峰，20—30 岁时犯罪率开始下降，但下降的幅度比上升的幅度要小，到 30 岁以后趋向平缓，50 岁以后几乎消失。由此他们认为，既然无论何时、何地、任何种族都呈现出这样的现象，则此现象为自然现象，因此不具有研究的价值。"[①] 而 Moffitt 检视了 1993 年第一次犯罪年龄分布的官方统计数据，"肯定了青少年犯罪高峰现象的存在，发现官方资料只呈现出一部分，青少年犯罪成为了青少年的常态"。美国宾州大学 Wolfgang、Figlio 和 Sellin 等采用纵贯研究的方法，对 1945 年出生的 9945 名青少年进行追踪至 18 岁，统计发现："占总样本数 6% 的常习犯触犯了全部罪行的 51.9%。"[②] Wolfgang 等（1987）追踪上述研究样本 10% 的被试（总计 974 名）至 30 岁，进一步发现："成年后之持续性犯罪者中有 70% 来自原来的青少年常习犯，之前无犯罪记录的青少年，成年后只有 18% 的犯罪可能性。"[③] 综上，国外研究表明：青少年犯罪行为

[①] 郑红丽、罗大华：《青少年犯罪成因心理学研究新进展》，《南京师范大学学报》（社会科学版）2008 年第 1 期，第 110 页。

[②] Wolfgang, M. E., *Robert Folio and Thorns ten Sell in Delinquency in a Birth Cohort*, Chicago: University of Chicago, 1972, pp. 280 – 283.

[③] Wolfgang, M. E., Thornberry, T. P., and Figlio, R., *From boy to man, from delinquency to crime*, Chicago: University of Chicago Press, 1987, pp. 134 – 162.

是一种短暂行为，一般不会持续到成年，这也说明了青少年犯罪行为的短暂性。本书认为要进行青少年犯罪预防研究，需要进一步区分青少年群体的特殊性，关注青少年成长过程中的内部变化，矫正青少年期间自我控制低下的问题，提前进行道德思维活动的控制能力的培养，继而达到青少年犯罪预防的目的。

(二) 犯罪青少年的自我控制能力

关于犯罪青少年的自我控制能力，国内外很多学者做了大量的实证研究，继而证明犯罪青少年的低自我控制情况。[①] 1993 年 Wood 以年龄在 14—19 岁的高中生为被试对象，考察了自我控制与盗窃、故意破坏、人际暴力和药物滥用等犯罪行为的关系，结果显示："冒险性维度与几种犯罪行为都相关，而情绪性维度则与偷盗行为和药物滥用显著相关。"[②] 1996 年 Longshore 以 Grasmick 的自我控制量表，考察了自我控制与犯罪行为的关系。结果表明："欺诈犯罪者的冒险性、冲动性和自我中心程度较高，暴力犯的冒险性和情绪性的维度较高。"[③] "2001 年 Hay 以美国 197 名中学生为被试，想要验证低自我控制的两个假设，一是自我控制对青少年犯罪行为有明显的预测作用，二是低自我控制与父母的管教不当密切相关，研究结果符合假设内容。"[④] "2004 年 Vazsonyi 以 335 名日本青少年和 1285 名美国青少年为被试，考察了自我控制与青少年犯罪行为的关系，结果表明：青少年的低自我控制对犯罪行为具有明显的预测作用。" 2005 年 Piquero 进行了 5 年的追踪研究，"考察了自我控制、家庭暴力、犯罪历史等因素与犯罪的关系，其中自我控制能力以违反学校纪律、辍学、药物滥用、酗酒和攻击性行为等的发生频率衡量，结果发现，自我控制与犯罪行为的发生具有明显相关"。总之，一方面，青少年犯罪作为一种特定时期的短暂性行为而存在；另一方面，青少年的自我控制能力

---

① MacDonald, J., "Self-Control, Violent Offending, and Homicide Victimization: Assessing the General Theory of Crime", *J. Quant Criminal*, 2005, 21 (1): 55–71.

② Wood, P. B., "Risk-taking and Self-control: Social Psychological Correlates of Delinquency", *Crime Justice*, 1993, 16 (1): 111–130.

③ Longshore, D., Rand, S. T. and Stein, J. A., "Self-control in A Criminal Sample: An Examination of Construct Validity", *Criminology*, 1996, 34 (2): 209–229.

④ Travis, P., "Parental Management, ADHD, and Delinquent Involvement: Reassessing Gottfredson and Hirsch's General Theory", *Justice Q*, 2003, 20 (3): 471–500.

相较于其他成长期较低。而真正决定个体自我控制能力是人的思维，本书确定了以道德思维控制与培养为契机的个体自我控制提高路径，继而达到青少年犯罪预防的目的。

三 青少年如何控制自己的道德思维

(一) 道德思维的既有性

针对现阶段层出不穷的青少年问题，很多学者试图通过思维重塑的方式来达到矫正目的。但是人们需要面对现实，现代青少年比历史上的任何一代人都要独立，他们有足够的空间去创造自己的观点，这也是成人愿意看到的。现代社会不断强调错的事情，青少年只要不触犯底线，便可以在"线上"所有的空间内栖身。这并不是说青少年是完全自由的，家庭、学校和社会给青少年带来了很多福利，青少年需要他们，因为青少年享受到的总来自于某人的钱袋子。为了生存，青少年需要放弃自由，甚至是思维的自由，作为某人的依附，这便能理解很多青少年加入街角群体或黑帮团体的事实了。这是信仰缺失的时代，也是民主自由的时代。在世界历史进程中，宗教作为信仰的主要内容，长时间影响着人们的生活，宗教控制着人们的行为甚至是观点。在现代社会，当人类主观意识越来越强时，人们便不会像过去一样依赖宗教，最新的宗教就是法律。宗教和法律的区别在于，宗教起源于神话，自始至终不会改变。人们需要宗教，其实需要的是一个规则，被全世界人接受和需要的规则，对任何人适用，在任何时代都可以，但这本书永远不会出现。

这时，人们何不转身看看青少年自身的潜质，即道德思维能力。人们进行道德思维活动是为了什么？依据什么？是否有程序化的标准路径？答案一定是多元的。因为人们无法判断自己所做的事情是否绝对正确，同样的选择结果也会产生不同的影响，就像同一种药物对不同病人会有不同的效果一样。因此，道德思维具有极大的不确定性，人们相信结果，源于他们相信任何事情都是有计划发生的。他们相信世界的产生本身就是有目的的，一个事物的产生源于另一个事物，当结果不唯一时，人们便开始变得不自信，开始追寻其他导致结果的因素，进一步平衡心中的不安。但是人们忽视了一点，结果和影响因素时常一同产生，并没有先后顺序。一个人的观点受制于另一个人，人类的使命到底应该是什么、他们应该采取什么计划、遵循什么原则、追求什么样的结果,这都是人类道德思维需要面对的首要问题。学习和智慧本身不是人类的使命,杀人和艺术也不是人类的使命,建设和金钱也不是人类的使命,人类应该追求更高层次的文明,如果说人们能够控制自己的道德思维,其动力也源于自身对美好生活的向往。但是针对个体犯罪行为,他们又是为什么不选择好的道德思维呢?其中最大的障碍源于愤怒和报仇的驱使,以眼还眼的报仇行为是人类的天性,大体来讲,复仇需要付出极大的代价,一般没有好的结果,是不合理的,还是野蛮的。研究者需要帮助人们认识清楚报仇是否真的能够得到相应的回报,它们之间是否真的平衡。本书又回到了刚才的论点,复仇不能使人们的生活变得更好;相反,它带来的都是伤痛。社会审判着犯罪,相对应地,犯罪率也在审判着社会本身。试想如果罪犯找到更好生活的办法,又明白复仇的愚蠢,他们会作出怎样不同的选择。

(二) 道德思维的控制路径

本书的观点是在前期思维理论价值基础上,通过教育的方式达到预防与矫正犯罪的目的。例如,在学校教育的过程中,提倡运用非灌输和不作道德判断的教学手段,帮助青少年选择、提炼价值观。当然,不同的学派对于进行道德思维训练有不同的侧重点,但其共同的特征是注重过程。核心过程就是道德思维、道德推理和道德判断能力的培养过程,是提倡以自主判断和理性思维培养认知能力的过程,是一种知性教育。本书希望,通过道德思维训练,青少年可以学习如何对他们的文化价值、社会角色及行为方式进行批判性的思考,从而推动社会的发展。教育不仅仅是传授知识,更是在人的头脑中培养某种态度,教育既追求知识的本质,也追求人在社会中的美好品性。培养人的心智,应该包括以下几种不可分,也不可能独立培养的能力:有效的思考能力、交流思想的能力、作出恰当判断的能力、辨别价值的能力。"有效的思考能力",并不是指专业的形式逻辑,而是作为人,在实际生活中将要运用到的逻辑思维能力;"交流思想的能力",是指表达自己的思想,并被他人理解的能力;"作出恰当判断的能力",人们将各种思想运用于实际事物中的能力;"辨别价值的能力",即要求人们对各种不同的价值有清楚的认识,并能理解它们之间的关系。

这些训练对于青少年犯罪行为具有较强的预防性，例如，利用同伴或重要他人，打破犯罪青少年的冷漠。当我们看到其他人做一个动作，大脑中心会为此启动，情感也是如此，大脑可以在内部复制我们所看到的其他人的经历，值得指出的是，如果没有直接接触，镜像神经元便无法引起共鸣。人类的大脑是为了直接的社会交往而设计的，所以人们如果想要保存像同情心这样的技能，必须得练习，它会促使镜像神经元功能的启动。就"我和你"的关系而言，虚拟现实并不是人类的好友，一项研究表明，在面对面的交往互动中，55%的富有情感意义的信息是通过面部表情、姿势和手势进行表达，38%通过语调，唯有7%通过语言。①在这个充斥着社交网络、短信和电邮的时代，人们很容易对电脑屏幕上的虚假名字实体化。久而久之人们不再关心有血有肉的人，原先人类的大脑会依靠反馈来预测他人的行为，影响自己和他人的行为，然而虚拟世界让这一渠道阻隔，没有了面对面的互动和交流，道德便会走向网络上的自由落体。人们必须时刻牢记，大脑对于非个人与个人刺激的回应完全不同，人类会用不同的大脑半球来处理"我—你"关系和"我—它"关系，在虚拟世界中，关系特别舒适简单，也异乎寻常的脆弱。这也是为什么人们在虚拟世界中会轻易迷失自己的原因，通过阻隔移情作用，技术很有可能使人们远离对于现实结果的感受。可见，移情是对人类残酷行径的主要抑制剂。

第四节　道德思维教育是青少年犯罪预防与矫正研究的有效对策

一　道德思维要求重新审视道德教育的目标、方法和内容

（一）过程重于结果：道德思维教育目标

道德思维最终的落脚点属于思维活动，通过感性和理性两个层面对道德现象进行认识、判断和推理，从而达到对个体道德行为的完善和调控。这样的思维过程更加倾向于主体如何将应然转化为实然的规律与机制，并包含着主体对实然状态的反思和把握。可见，道德思维本质属性

---

① 张微：《从跨文化视角看非语言交际》，http://www.cmt.com.cn/detail/396139/2.html。

要求道德思维教育的目标过程重于结果，不但要考察青少年道德发展水平和阶段，还要关注青少年道德思维能力的养成，以及个体道德思维的运行机制。如要探讨道德思维的教育目标，离不开对东西方德育思想的梳理和分类，以找到道德思维教育目标的位置，描述其特殊性。在中国古代德育思想史中，道德思维内容丰富，学术价值较强。长期以来，学者们都将其置于教育史或者伦理学的学科领域中进行探讨。研究的出发点便是阐述什么是德育这一重要问题，现阶段学界对德育的理解仅停留在道德品质或者思想品德教育层面。事实上，在中国古代历史过程中，德育与政治思想、制度紧密联系，涉及范围更广，这就要求学者们对德育目标的把握要更深刻和全面。纵观中国古代德育思想史，从春秋时期孔子进行德育实践至今，几千年的时间里，尽管不同历史时期和思想家提出的德育学说各不相同，但都需要遵循道德思维的本质属性和规律。对不同德育目的的了解，也是进一步挖掘和证实道德思维机理机制的过程。从时间轴进行考察，中国古代的德育思想可以分为先秦时期、汉唐时期、宋明时期、明清时期和清朝后期。总体来讲，具有以下几个特征：一是具有浓厚的封建伦理道德烙印。其主要目标在于维护封建社会自给自足的经济格局，迎合以家族制为基础的政治格局。二是达到"明人伦"的德育目的。个体要在人伦关系中找准自己的位置，在此基础上追求"至善"的道德境界。三是强调个体在道德形成过程中的道德自觉。中国古代德育思想家认识到个体的道德养成不能一蹴而就，要依靠主体自身，遵循知、情、意、行的发展规律。

随着新中国的成立和改革开放的发展，中国的德育被赋予了新的历史使命，强化为社会主体道德教育。变得更为系统和明确，并被清晰地描述为学校道德教育的重要任务。包括对学生道德知识的传授、学生道德情感的陶冶、学生道德意志的锻炼、学生道德信念的确立和学生道德目标的养成，并形成了小学、初中、大学德育目标的完整体系。相比中国的德育目标发展，西方德育思想的发展，使其德育目标呈现出以下共性：一是同中国古代德育目的相同，符合以宗教、神学为中心的封建要求。二是从外部目标逐渐转向内部，关注个体自身的个性发展，提倡对人性的尊重和关爱。三是以道德发展阶段理论为依据的道德目标设定。无论是中国还是西方国家，其德育目标具有一定的共性。如都将国家利益和爱国情怀作为德育的核心任务、培养具备现代社会发展新要求的新型人才、传承人类优秀的道德文化品质和价值观。除此之外，中西方的德育目标还有较大的差异。如相比西方追求个体自由，中国的德育目标更看重社会群体价值；西方德育目标在具体论述中淡化了国家政治的色彩等。

综上对中西方德育思想所体现的目标进行分析：从设定角度来看，以社会本位或者个体本位出发；从效果分析来看，或强调德育目标本身，或德育的结果；从立足阶段来看，有接近生活的近期目标和追求理想的远期目标。基于类我思维、内我思维和善的思维的道德思维教育活动，其本质是从个体本位出发，既不关注德育目标本身或德育的结果，又不纠结于德育的近远期目标。而是将着眼点放在道德思维能力的培养上，掌握道德思维运行的规律和机理机制，从而成功解决日常生活中的道德困境与人际矛盾。道德思维教育目标倾向于过程，并非结果，是个体道德品质发展的基础性条件，只有具备了道德思维的能力，才能实现现有纷繁复杂的德育目标，达到社会环境的要求。

（二）平等理解对话：道德思维教育方法

伊·安·凯洛夫（N. A. Kaiipob）修订出版的经典著作《教育学》将德育方法界定为"教师为了达成德育的某种任务而采取的一切措施，就是教育手段"，这种手段"是和所有教学和教养过程密切联系的"。① 这一定义方式将德育方法局限在了学校德育系统内，单纯理解为教师的一种教学活动方法。事实上，个体的道德品质养成是一个全面而复杂的过程，古代时期个体道德养成属于非正规化方式，因为中国古代德育思想家在长期的道德实践过程中积累了许多宝贵的经验，例如熟读儒家经典著作、强调自我反省、在逆境中磨炼意志和知行统一等，其中知行统一的要求一直是德育过程中难以实现的重要一环。因此，古代的德育方法也不尽然是在学校德育过程中实现的。本书以青少年犯罪预防为目的重新审视道德教育的方法，需要关注个体道德品质养成过程中的所有影响因素，针对道德思维的本质规律和特征进行聚焦和干预，从根本上改善个体道德思维水平现状。简言之，道德思维视角下重新审视道德教育方

---

① ［苏］凯洛夫：《教育学》，沈颖等译，人民教育出版社1953年版，第232页。

法，是找到正确提高道德思维的方法，即道德思维方法。道德思维方法和一般德育方法有什么异同，在新的历史条件和道德难题下具有怎样的不可替代性，是本书研究的重点。鲁洁、王逢贤提出了两类德育方法：一种是按层次划分。第一层次是德育原则，作为指导思想而存在；第二层次是较为笼统的方法，如说服教育法、榜样示范法和情感陶冶法等；第三层次是具体操作的方法，是德育活动的具体运用技能。第二种分类是根据受教育者的心理机制为依据，分为明示法和暗示法。[①]

道德思维视角下的德育方法，如按层次划分属于德育原则和较为笼统的方法，按受教育者的心理机制划分属于暗示法。具体内容为平等、理解和对话三个部分。这三个方面看似存在于人文社科的任何领域，却是道德思维得以实现不可或缺的内容。道德思维作为类我思维、内我思维和善的思维，需要将他人与外部事物内化为"我"的思维，虽然这种类似共情的能力是人类先天独有的，但是随着日常生活的影响和个人道德选择的养成，容易处于休眠状态，使道德思维活动无法正常运转。这时候平等、理解和对话便是重新打开道德思维活动大门的一把钥匙。平等是指作为道德思维主体的个人与道德思维客体的人或事物处于一种平等状态，这种平等不是绝对意义上的平等，而是本质上的平等，既然"我"与"他"在本质上没有什么区别，那么道德思维的类我过程便能顺利进行；理解是指道德思维活动内我过程得以进行的关键，当"我"置于道德思维的范围之内，"我"思维了，"我"便有所得，能够理解道德困境和人际矛盾的种种。反之，若没有理解，整个思维过程便成了外我思维，道德思维便无法进行，更不会形成个体道德上的自觉；对话是道德思维活动的重要外部因素，"我"需要与外部不断进行交流，将类我和内我完善，"我"才会有所得，道德思维的自我预防与矫正机制才能运转。道德思维的对话过程属于原始层面，本书在第三章关系论中阐述过人类的冷漠和现代科技对道德思维活动的冲击，面对面地对话与交流，用眼睛、耳朵和手去感知的世界具有不可替代性。以上这三个道德思维方法作为道德思维活动的总纲领存在，是道德思维活动的重要原则，能够指导不同领域、情境下的道德思维活动。

[①] 檀传宝：《德育原理》，北京师范大学出版社2010年版，第187页。

(三) 思维能力培养：道德思维教育内容

自古关于德育内容的偏重分为两个方面，即为道与为学之分，为道强调个体获得道德的能力，为学强调个体学习自然知识的能力。不同的内容会造就不同的人格养成，或君子或常人。这一思想成为我国儒家德育内容演变的主旋律，但无论是为道还是为学，都是以知识为导向的内容，不同之处在知识的用途。且无论传统道德内容和现代道德内容的目的性有何不同，值得指出的是，每一个国家和民族的不同道德教育内容造就了本地区人们独特的行为和思想特性，并成为群体认同感的重要组成部分。从根本上来讲，道德便是教会人们怎样生活的品质，而对于美好生活的定义，不同历史时期、不同地域的人们有着自己独特的见解，并随着时代的发展而不断变化。如现阶段中小学的德育内容，包括了爱国、集体、社会主义、马克思主义、各种行为规范等内容。这是因为人类的社会属性和时代特征，特别是青少年这个群体，作为祖国的未来和社会的新生力量，对他们进行时代特征的德育内容更为迫切，这也是当下道德思维教育内容的主要走向。道德思维视角下重新审视道德教育的内容，其关注点从静态的内容本身转化为动态的个人能力，即道德思维能力的获得。道德思维的神经学基础使道德思维的能力培养成为可能，道德思维作为一种思维能力具有一定的潜力，是可训练和重新塑造的。

个体道德品质的养成与处理道德困境的能力，归根结底在于道德思维的能力强不强，水平高不高，因此要想提高个体的道德水平，最根本的内容便是道德思维能力培养。道德思维能力培养是指一种有目的、有计划和系统的思维活动，通过后天的影响和矫正，使道德思维这种人类先天独有的道德品质得到开发。人类从一出生起便开始逐步形成自己一生庞大而复杂的数据库，由于个体不同的生长环境和教育背景，习惯性养成某一些思维方式和方法。道德思维会在庞杂的思维系统中逐渐淹没，久而久之，人们会产生道德思维无用论的观点。本书认为，道德思维视角下的道德思维能力培养是德育过程中不可回避的环节和内容，道德思维能力培养的主要目的是让个体坚守和重获处理道德困境和人际矛盾的能力，认识道德思维能力的价值和了解道德思维能力的机制，并将这种能力运用在日常生活的方方面面，有效解决人们怎样生活，怎样生活得更好的问题。最终人们会发现，真正的答案不在纸上抑或不在时代的使命中，而在每一个人的内心深处，道德思维能力只是帮助人们找到了自己的本源而已。

二 道德思维教育是促进青少年道德水平提高的根本

（一）道德思维教育：道德教育的新视角

道德教育产生至今，无非是社会本位下的政治化要求，抑或是个体本位的人性化要求。本书十分赞同鲁洁教授的观点，"道德教育根本作为是引导生活的建构"。① 但是道德教育要引导的幸福生活是什么？这一问题的答案与道德思维有着天然的契合点，换句话说，道德思维是帮助人们找寻生活真谛以及如何建构幸福生活的钥匙。长时间以来，道德教育与个体幸福生活之间存在脱节的情况，这使道德教育活动的价值和有效性受到人们的质疑。但怎样使道德教育活动符合个体对幸福的定义又是一件不可能完成的事情，因为不同个体的需求不同，生活背景不同，其所追求的生活也不尽相同。其实这种认识极为片面，看似个体所要追求的幸福生活并不一定是他们真正需要和渴望的，在这个信息技术急速发展的现代社会，人们越来越被迷失在自己幻想的世界里，找不到生命的出口。掺杂了个人情感和利益的道德需求只是特定时期、特定情境下的，而人们的终极需求只有一个，即人之为人最根本、最本源的东西。道德思维的不可替代性便在这里，道德思维帮助人们找到自己最开始道德的起点，和最让自己大脑愉悦的思维方式。因此，道德思维教育作为道德教育的新视角，有效解答了目前道德教育困境的难题。

道德思维教育视角的新，还体现在以下两个方面：一是从改变之前对"教育"的关注，转而加强"道德"的考察。道德教育作为道德与教育的合成词，涵盖了教育学与伦理学两大理论的供给。改革开放以来，无论从运动式的道德教育、规范性的道德教育、精英道德教育、公民道德教育、社会主体道德教育和个人品德养成道德教育，其出发点和落脚点都是怎样进行道德教育，对道德教育活动本身的过分关注，会忽视对道德本质的把握。越来越多的学者也逐渐意识到，道德教育的困境最根

---

① 鲁洁：《道德教育的根本作为：引导生活的建构》，《教育研究》2010年第10期，第3—8页。

本的问题不在于德育的目标、内容和方法，而在于人们对道德内涵本身的认识错位。作为新时期的德育工作者，需要对道德的核心内容有一个全新的认识，还原道德的本来面目。道德思维是道德最根源的状态，它揭示了人类为什么会有道德性，以及道德是如何形成的机制过程。二是道德思维教育源于道德却高于道德。不同于一般意义上的道德教育，道德思维教育虽然也致力于个体道德品质的养成，更能有效解决人类生活的基本问题，即生活的本源和意义所在，是青少年自我预防与矫正机制形成的有效途径。因此，道德思维教育要比普通德育更为深刻和全面，是人性研究不可或缺的重要组成部分。

（二）摒弃还是吸收：镜像教育的再思考

由于道德思维最基础的神经结构是镜像神经元，道德思维教育更是离不开对镜像神经元的探讨，2011年北京师范大学的陈建翔首次提出镜像教育的概念。试图将镜像神经元与人类的理解、共情能力的关系运用到教育实践活动中，一些学者更是相信镜像教育可以带来教育界方方面面的变革。后期更是夸大了视觉与思维之间的关系，认为所见即所思，是一种顿悟的思维。其实这种顿悟思维就是道德思维的直觉层面，不同于长时间人们对抽象、理性思维的推崇，逐渐看到感性、情绪等直觉因素对个体道德养成的影响。从这一点来讲，镜像教育的提出无疑改变了目前道德教育的走向，弥补了阶段论道德思维内容的不足和缺陷。孩子身上的天生学习能力和无师自通与本书提出的自我矫正能力更是具有一定的契合度，这一理论的价值毫无疑问，但后期发展却只是停留在镜像神经元本身，很容易受到外部其他理论观点的攻击和否定。例如，顿悟概念的理解偏差，不同学科对顿悟的定义不尽相同，如果镜像教育要使用顿悟的概念，需要将顿悟的内涵与外延进行详尽的分层表述，避免成为没有根据的猜想。另外不能过分放大感性顿悟的功能，本书在论文的第一章已经用道德思维的两个层面来肯定感性与理性的不可或缺，以及两者之间的交叉。因此，本书秉着理性、摒弃、吸收的态度，对镜像教育进行再思考，取其精华为道德思维教育服务。

有几个问题尚需厘清：一是虽然有些学者将智慧、顿悟、天赋、领悟和直觉归功于镜像神经元本身，但关于镜像神经的具体功能和范围尚不明确，各学科之间仍有争议。鉴于大脑皮层作为道德思维的生理结构，个体思维的运转又是一个极其复杂的过程，很难界定为某一个器官或某一个神经元独立完成，这就是本书从道德思维的角度，而不是从镜像神经元本身入手对道德进行探讨的原因。二是镜像教育研究只关注于个体获得技能与潜力本身，与道德无关，是一种能力的获得。而道德思维教育则是一个更深刻的问题，一个人类到底该如何生活，在被现实生活挑战的前提下还能坚守自己的道德底线的难题，毋庸置疑，这不是镜像教育能够回答的问题。三是道德思维教育理论是跨学科的探讨，它打破了不同领域对道德思维活动的探讨界限，围绕着共同要解决的问题进行整合，这不同于借鉴吸收某一学科内容的范式，不是粘贴而是融合。本书在这里澄清镜像教育的误区并肯定其价值，一方面是避免镜像教育与道德思维教育的交叉错觉，另一方面也希望通过摒弃和吸收镜像教育内容将道德思维教育活动最大限度地功能化。因为本书的目的只有一个，那便是用道德思维教育解决人们现实生活中遇到的各种道德难题，人们会发现有道德思维的生活会让自己更加快乐。个体道德品质的养成，既来源于外部环境中的文化，更来自于每一个独立的道德思维活动和情感。

小　结

本章通过实证研究和理论分析对道德思维与青少年犯罪行为的既有关系进行探讨，从而验证了道德思维之于青少年犯罪预防与矫正，不仅具有积极的理论价值，更源于其不可分割的天然联系。首先，道德思维活动的出发点和落脚点是人本身，是人类既有的天赋道德底线。虽然本书的研究对象是犯罪青少年群体，如用病理式的研究范式，便需要证明道德思维与犯罪青少年的特定关系。不然会遭到学界的质疑，认为道德思维作为青少年犯罪预防与矫正的理论基础有强行运用之嫌。本书多次强调，青少年犯罪问题虽有其特定的原因和内容，但也折射出人类共有的人性弱点。需要将犯罪青少年放置于普通青少年群体中进行研究，防止标签效应的影响。其次，通过运用实证的研究方法，对犯罪青少年的道德思维发展及其相关因素分析进行了解，发现犯罪青少年的道德认知和道德判断分数均较低，说明犯罪青少年群体的道德思维状况堪忧。再次，通过理论分析道德思维培养与青少年犯罪预防矫正的趋同性、青少年道德思维活动的可预防与矫正，进一步论述了道德思维与青少年犯罪的关系。最后，得出结论：道德思维教育是青少年犯罪预防与矫正研究的有效对策。改变对"教育"本身的关注，转而加强"道德"的考察，并揭示了道德思维教育源于道德却高于道德的现实，明确道德思维教育比普通德育更为全面和深刻的内涵，为接下来的青少年犯罪预防理论与青少年犯罪矫正策略奠定基础。

第四章

道德思维视角下青少年犯罪预防理论

通过前面三章的探讨,道德思维教育作为青少年犯罪预防研究的有效对策,在重新审视道德教育的目标、方法和内容,明确道德思维教育基本特征的基础上,针对青少年成长理念的定位、家庭教养方式的启示、学校德育的反思三个维度进行青少年道德思维培养活动。基本涵盖了青少年成长过程中的重要领域和阶段,无论是青少年自身及其家庭,还是学校,最终的目的便是道德思维能力的培养。青少年犯罪问题作为全世界的共同难题,无法通过司法一个领域得到解决,更不是狭义教育本身能够完成的内容。

第一节 道德思维教育下青少年成长理念的定位

一 学会发掘自己：天赋的道德思维底线

（一）情感与内心深处的自己

在人类的文化演进过程中,一个重要的进化因素便是意识到自己和他人。虽然自我意识的概念一直到1890年才由心理学家詹姆斯（James）首次提出,但随后自我意识的研究不断扩展,例如自我控制、自我调节、自我矫正等概念相继出现,可以说自我意识已成为学界经久不衰的研究课题。本书在此并不想从心理学本身对自我意识进行探讨,但是个体学会认识自己的过程,离不开自我意识,是寻找天赋道德思维底线的活动。说到认识自己,有一个几千年来争论不休的辩题,那就是人性善和人性恶的问题。从中西方文化来看,中国文化坚信人性善观点,而西方文化则持人性恶的信念。孟子从人与动物的区别探讨人的社会道德属性，相信很多善的道德品质不是个人后天习得的，而是先天具有的。较为经典的论述为："恻隐之心，人皆有之；羞恶之心，人皆有之；恭敬之心，人皆有之；是非之心，人皆有之。"① 不论孟子口中的先天道德观念是否为本书所探讨的天赋道德底线，从中仍旧可以看出人们对自己情感深处的探索早已开始，人类应该相信怎样的自己，虽然每个人都在讲述自己，可是这样的描述是否是真实的自己。本书已对道德语言进行过探讨，道德语言使抽象化的概念具体化，人们可以用语言对自己概念化，概念化的语言也为人们选择不同的自己铸造了模型。

为了更好地思考自己，人们需要铸造好的模型，这些模型不一定适合所有人，每个人就这样生活在自己的模型中。人类早期便开始着手塑造规范性模型，用来定义和完善人类日常生活方式。最为典型的描述便是"应该"等伦理术语的使用，从"是"到"应该"看似词语之间的变化，却是人类道德发展质的飞跃。人类生活在"应该"的世界中，因此人们非常在意自己在别人心目中的样子。如同镜子中的自己，人们展现给世界的样子和自己真实的样子经常是自相矛盾的，似乎无法保持一致。这种道德伪装下的本能，和动物的保护色如出一辙，赢得认同，防止被排挤。最为可笑的是，人们不但需要面对自身的矛盾，还需要辨别外界给予的不同评价信息，有正面的，也有负面的。这种情况使人们生活在充满编织故事的世界，时间一久，便分不清真假、对错和善恶了。只要故事的情节设计合理，得到一部分人的认可和支持，故事中的所有信息就能代表自己的意识了。从人生发展的纵向轴来看，个体的发展也是一部长篇故事，人们每天不断构建自己的故事，故事情节涉及过去、现在和将来，故当一个人讲述自己的真实想法时，也许只是在描述自己的故事而已，真相有时连个体自身也不得而知。值得指出的是，一个人的故事越长，就越难找回原本的自己，这就是将青少年定位道德思维培养关键期的原因。如何排除干扰，找到情感与内心深处的自己不是一件容易的事情，或许有人会认为这种寻找和弗洛伊德的本我、自我和超我有异曲同工之嫌。弗洛伊德侧重于发现个体内在的欲望和原始本能。而本书

---

① 杨伯峻：《论语译注》，中华书局1990年版，第24页。

致力于青少年能在人生故事的前端，顺利找到并认识自己隐藏在深处的天赋道德思维底线，不要忘记自己身上的美德，更不会在虚幻的故事中迷失自己。

（二）正视自身潜能的"近敌"

事物都具有两面性，一方面人类具有天赋的道德思维底线；另一方面也需要面对自身潜能的"近敌"。矛盾无时不有，无处不在，这就是性善、性恶争论上千年的原因。与道德思维品质相克的情感有：随意、惯性、固执、残忍、愤怒、厌恶和自私等，这些特征被学界称为人性的弱点。之所以称为"近敌"，源于这些不利于道德思维活动的情感，总是与个体的生活如影随形，由于太过频繁，会让个体产生麻痹，忽视这些情感的弊端。本书在这里并不想纠结于"近敌"本身的内容，而想借助道德思维底线的对立面找到青少年自我认识的方法。近些年来，校园欺凌与暴力事件频发，且多发生在中小学，在这些案件中，孩子们的作案手法极其残忍，令人触目惊心。人们在唏嘘这些案件的性质时，更为孩子们歪曲的心理感到担忧，为什么天赋的道德思维底线没有发挥作用？是因为孩子们还没来得及挖掘自身的潜能，还是自身潜能的"近敌"在干扰道德思维活动？善恶交替，它们各自像自己的镜子一样存在，故本书在阐述青少年学会认识自己的过程中，不可避免含有面对善恶交替的自己。不同的是，虽然善恶交替、不可分割，但是它们之中却只有一个是真实个体内心世界的体现，人们长时间痛苦于不能将真假区分，这也是个体自相矛盾的原因所在。回到刚提到的校园欺凌和暴力事件中来，面对如此棘手的问题，学者们和各国政府的反应不一。具体措施有：转移孩子们的注意力、帮助他们认识错误、完善规章制度、培训教师和工作人员、将警察和父母纳入监控的行列，这些措施基本上都是从外部控制的角度对不良行为进行围追堵截。本书更想强调的是，在处理这些事件的过程中，最根本的在于让青少年反思自己，这些行为无法真的能让他们快乐，他们内心深处最纯洁和柔软的道德品质需要被挖掘。

或者有些学者觉得这种提法过于理想化，无法像其他措施一样具体而高效。本书一开始便表明要想真正解决青少年犯罪问题，由消极转积极、由外转内是必然的选择，这种研究范式能够最大限度地开发青少年自我矫正的潜能。当然外部控制理论的优越性十分有效，能够在较短的时间内让不良行为得到控制，当外部控制减弱，或者变换新环境后，这种优越性便不再凸显。首先要让青少年了解自身道德品质的双重性，明白善恶存在条件。矛盾的首要原因便是不知道矛盾的存在，虽然很多犯罪青少年在案发后的自我忏悔中经常提到自己在作案时的纠结，却很难正确地将其剥离并分析。正视自身潜能的"近敌"，这是青少年重获道德思维能力的前提，当青少年知道自身恶性的存在，便能有意识地去规避。其次是强化对天赋道德思维底线的认识，在了解了善恶的存在后，那么，哪一个是善、哪一个是恶，为什么如此选择则是摆在青少年面前的问题。很多人或许认为，在现如今文化、价值观大繁荣的背景下，外部不应该对青少年的价值选择进行过多的干涉。但人们却不得不承认宗教信仰对个体找回天赋道德思维底线的作用，更何况中国几千年来都在信奉的人性善理论根深蒂固，那又为何不敢面对矛盾中的真实自己呢？

（三）重获自我道德思维能力

本书的理论价值和关系论部分都对道德发展阶段论做过详细的论述，青少年随着年龄的增长会从他律转为自律，这也成为很多道德发展纵向研究的基本假设前提。但近些年来，国内外很多学者的纵向研究表明，事实并不乐观。例如："台湾地区以来自都市中的中产阶级家庭的青少年为研究样本，使用科尔伯格等人所制定的九种标准来衡量，包括道德体系、人性界定、惯例性、一致性、自由、相互尊重、可逆性、建构认知和抉择，研究结果表明，台湾地区的青少年在道德发展方面并没有遵循科尔伯格道德发展阶段进行，而且台湾中产阶段家庭的孩子，其自律行为发展比例，远不如美国及以色列蓝领家庭的孩子。"[①] 这样的研究结果不仅让那些乐观等待青少年成熟的学者和工作人员感到前所未有的压力，更对那些局限于道德思维阶段论的研究提出了质疑。既然道德思维能力不单是特定阶段的发展成果，那么重获自我道德思维能力该从哪里下手呢？哲学家喜欢将人类生活的世界分为外在自然世界和内在思维世界，智慧的古人利用"天人合一"的办法将外在和内在进行联系，帮助人类形成自身的道德思维品质。要想让青少年从事善，摒弃恶，不管是出于

---

① 郭秋勋：《青少年违反伦理道德规范之归因及辅导对策》，《东吴大学学报》2012年第9期，第17页。

一种外在激发的动机，还是忌惮恶劣行为的后果，抑或出于某一种宗教信仰。最终，也可能源于青少年自身对人性本善的内在良知。

找到善的本源和意志，从而放弃恶的行为，最终达到道德目的，这就是本节青少年成长理念定位的精髓。在找寻天赋道德思维底线的过程中，青少年需要借助外力的帮助，在诸多外部因素中，宗教是教育与法律之外，被认为是影响人类道德发展最重要的一环。尽管中国在两千多年的古代社会中并没有出现如西方基督教那样的主张忏悔、赎罪的原罪理论和观念，但无论是长期占统治地位的儒家思想还是曾经对中国传统信仰产生过巨大冲击的佛教思想，无不把宽仁、仁慈、怜悯、向善作为自己的核心信仰，并对中国古代社会的思想发展产生了重要影响，而这种宽仁、仁慈、怜悯、向善的信仰也与我国和谐、友善的社会主义核心价值观相适应。尤其是当西方社会的发展已进入瓶颈期，西方社会一直标榜的所谓普世价值观念越来越不能适应日益复杂的国际社会发展，无法解决单一价值观念与复杂、多元的文化信仰的冲突。尤其在面对当前日益严重的青少年信仰缺失、道德思维能力下降的问题时，学界更应该追本溯源，重视两千多年来经过无数先哲的努力孕育和传承下来的伟大智慧，将仁爱之心化作智慧的沃土重新滋养现代荒漠中干渴的灵魂。

二 学会关注他人：群体生活与团体效忠

（一）忠诚是一种双重的道德情感

人的社会属性决定了个体要不断追求集体生活的脚步，人们天生渴望融入既定的交际圈，害怕自己被摒弃在外，这种渴求有时能让人们近乎狂热地忘记自己的本心，迷失在忠诚的世界中，如果别有用心地利用人们这种心理，便能不费吹灰之力让一个原本善良的人做尽坏事。正如道德思维与犯罪青少年的关系中对"逆镜像"的论述，人们天生就会形成与其他组织相对立的团体，对归属感的强烈渴求，致使人们划清界限。这个界限可以是家庭、社区、国家或者种族，在互联网高速发展的时代，亦可以是一个游戏群体、论坛、兴趣圈等。总之，在人们的生活版图中，界限越来越多，越来越密，无时无刻不在进行的归类使自己必须高度保持忠诚，以免出局。但本书认为忠诚是一种双重的道德情感，过分依赖群体生活的价值，将会导致自己放弃本源意志。有意思的是，心理学家的研究表明，人们会根据自己的幸福感指数来伸缩界限的范围，越是生活水平低、对生活状况不满意的人越容易排斥外人。讲到这里，再看孔子建立的伦理原则，则是将孝道的移情边界不断地扩大，故中国古代的孝文化和忠诚是密切联系的。具体来讲，忠诚的双重道德的消极性体现在：一方面容易放弃和迷失自己；另一方面轻易地将外人和事物排除在外。因此，这种双重性不但不利于青少年认识自己，更无法学会关注他人，这也是近些年来对青少年犯罪问题中的同伴关系研究较为重视的原因。

当前我国青少年犯罪具有较多的特点，如盲目性、偶发性和残忍性等，除此之外，青少年犯罪的团伙性是青少年犯罪的一个最为显著和重要的特征，并成为青少年犯罪活动的主要组织形式。他们少则几人，多则上百人，互相追捧和逞能，甚者很多团伙犯罪手段极其残忍。当然，在我国刑法学中并没有团伙犯罪的概念，这一概念只是在司法实践中提法较多，实质上是共同犯罪的特殊形式。通过对这种忠诚度极高的青少年犯罪团伙进行研究，发现他们具有共同的心理需求和共同的犯罪动机、模仿和逆反心理较强、喜欢冒险以及责任分散的特点。其中责任的分散使一个青少年无法完成的犯罪活动，在彼此壮胆的过程中得到解脱。这也是街角少年、青少年黑社会屡禁不止的原因。青少年在忠诚的外衣下不断吸收所在群体的价值取向，在短时间内便可以放弃自己的道德底线，本书也曾提过服从权威的实验后果以及给人们带来的思考。如何帮助青少年在群体生活与团体效忠中保持自己的认识，并能调节界限划分的张力，使忠诚这样双重的道德情感发挥最大的积极作用是摆在本书面前的重要任务。

（二）"我们"与"他们"的对立

忠诚情感下形成了不同对立派别的阵营，有了"我们"和"他们"的区别，本书之所以要花时间阐述这一现象，不仅因为这种情感不利于青少年认识自己和他人，更在于道德思维活动中"我"与"他"类我思维的复杂化。从本质上来讲，"我们"与"他们"要想实现道德思维活动，首先要将"我们"化解为"我"与"他"，得到"我"；其次还要将"他们"化解为"他"；最后得到大"我"。可见，"我们"与"他们"的对立越多，越不利于道德思维活动的进行。当然学术理论的探讨也需要一定的历史条件才可以进行，人类曾经是那么需要群体对阵，这种方式能够帮助人们顺利渡过难关，生存下来。而如今又为何要打破这种方式，是否可以在不需要的情况下加快道德思维活动的运行。"我们"与"他们"的对阵离不开形形色色的标签，近些年来，学者们都注意到标签对于青少年成长的重要性。每一个都是贴标签的能手，一旦"他"被贴上特定的标签，客观上剥夺了人性，便不能激起"我"的同情。这种行为就像公式一样可以轻易地强加于每一个体，当社会质疑现在的青少年犯罪行为如此残忍和狠毒时，大多研究焦点放在为何残忍的原因，但却忽视了一个人性的根本问题，那就是什么激发了他们的残忍。青少年应该警惕这种对立，这种对立就像瘟疫一样可以迅速在人群中蔓延，让青少年变得冷漠和无情，是青少年自我成长过程中需要克服的难题。

坚持别人都和自己不一样不是一件容易的事情，特别是生理、心理迅速发展的青少年，他们还不具备如此坚毅的自我认同能力。虽然在多元文化背景下，青少年的标新立异已成为潮流，他们更多地在追求不一样，而非相同。本书认为这种现象属于表象，且不论追求个性的实质也是得到他人的认同，更何况在特殊人的眼里，那些墨守成规的人才是不可理解的群体。既然坚持一个人的不同不易，当"我"融入了"我们"，在"我们"的范围内，"我"便能获得更多的自信和勇气，"我们"群体更为坚固，价值取向较为稳定。因此，"我"与"他"的类我活动要比"我们"和"他们"之间更容易实现。这也是本书在探讨青少年成长理念的定位时，要将认识自己置于关注他人之前的原因，认识自己是一切问题的根源，而学会关注他人则是认识自己的进一步延伸而已。虽然人的社会性是人类的根本属性，但并不意味着人们必须要放弃自己，迎合群体才能生存。很多文学作品喜欢将这一现象称为人类精神世界的牢笼，认识到牢笼，还说明个体在认识自己的过程中发现了自由，如若理解不了牢笼本身，那便是最可悲的事情。青少年作为祖国的未来，学会认识自己天赋的道德思维底线，学会在群体生活和团体效忠中关注他人，有助于其找到自己成长的定位，这是自我发展过程中重要的一门课程。

（三）如何在群体价值中定位自己

基于道德思维视角下青少年成长理念定位，将研究的焦点置于"我"中，是自我意识的培养问题。很多学者或许会担心这一思路与实践层面的青少年现状具有一定的冲突，在这个多元价值并存的时代，青少年的自我意识呈现出新的特点，他们有较强的独立意识、追求自我价值的实现、有高度的自信心和自我认同感，他们渴望自己的事情由自己做主，包括对人生重要目标的决定等。本书认为看似乐观的青少年自我意识现状，如没有恰当的指导，不但不利于道德思维活动，反而会让青少年陷入小群体的极端狂热崇拜中不能自拔。举例来讲，在青少年的叛逆期，他们并没有独自一人同外在环境做抗争，而是在既定的同伴圈内获得支持。在没有正确价值引导下的自我意识追求，不但不能帮助青少年真正地认识自己和他人，还会加重青少年"逆镜像"行为的发生。人的一生中，重要他人一直在扮演着重要角色，更何况在青少年关键期，一方面是来自外界多元的价值文化；另一方面会受到不同重要他人的真伪指导。青少年如何在群体价值中定位自己，仍然是一件棘手的事情。要让青少年掌握宣泄、疏导、升华的自我调节办法，在不断变化的外部环境中坚定自己的立场，应对各种挫折和压力，维持自己的心理平衡，保护天赋的道德思维底线，使自己的人生轨道沿着健康的方向发展。这便是本书在关系论中阐述青少年犯罪的可预防性的原因，青少年只有在群体价值中准确定位自己，通过自我控制来约束自己，并能按照外部要求对自己实施自我管理和矫正，从而促进青少年的健康发展。

三 学会放弃隔阂：追求爱与和谐的生活

（一）道德思维与现实利益的共存

青少年的自我完善和发展是其犯罪预防中不可或缺的重要一环，青少年在天赋道德思维底线影响下，不断自我超越，平衡着与现实利益的关系，珍惜现有的自己，追求更好的自己。本书在绪论部分提到过加拿大学者 Moffitt 提出的成熟代沟（Maturity Gap）理论，在这里需要进一步延伸。她认为现代社会加快了生理成熟，却延缓了成人角色的赋予，于是个体的生理发展与社会发展呈现 5—10 年的落差。青少年生理、心理发展提前使他们渴望像成人世界一样，但现代社会却对他们的这种需求进行了限制，易于导致问题行为。其中成长提前不仅仅是一个生理学和心理学问题，更是一个社会学问题。试想如果没有社会对青少年个体的"限制"，也就没有问题青少年的提出，可见问题青少年是被"创造"出来的。当然，这样的研究范式在社会学领域中并不稀奇。但是，如果青少年不断成长提前，社会限制不变，可不可以这样理解，问题青少年的人数会越来越多。角色延缓体现在：平均的初婚年龄推迟，平均受教育年限提高，平均就业年龄延长等。三十几岁还没有成家、不去工作的人越来越多，"啃老"成了一个热门话题，人们似乎一直生活在"青少年时代"，所有的不成熟行为都可以被谅解，且没有任何羞愧。

之所以要对成熟代沟理论进行解释，源于其形象地描绘了青少年道德思维与现实利益的冲突关系。人类的社会性决定了自己不能随心所欲地改变自己，受到诸多因素的限制和影响。人们就是在这样、那样的博弈中就范或抗争，故青少年需要找寻道德思维与现实利益共存的方式，寻求彼此的平衡点。值得指出的是，虽然成熟代沟理论作为解释犯罪青少年的产生具有其合理性，但是我们需要考虑的是，为什么同样面对限制和冲突，有些青少年可以安全过渡到成人阶段，而有些青少年却会产生不同程度的问题。到了2003年，加拿大的研究者已经不局限于思想概念对成熟代沟进行阐释，而是用更为科学的研究方法来解释成熟代沟对青少年的影响。这是因为青少年的成熟代沟是由他们的生理、社会地位和心理特征以及父母对他们的教养方式所决定的，Nancy L. Galambos 和 Erin T. Barker 针对青少年的成熟程度做了一个实验，他们把青少年的成熟度分为三个特征：假成熟、不成熟和成熟。他们选取了加拿大430名就读于六年级到九年级的青少年作为研究对象，还选取了一部分青少年的家长。

通过实验表明：这430名青少年中，假成熟的占25%，不成熟的占30%，成熟的占44%。关于他们父母的研究结果表明：父母并不能准确判断他们的孩子是否假成熟、不成熟或者成熟。[①] 这项研究给我们带来了一个全新的研究课题，那就是假成熟、不成熟和成熟的青少年分别在成熟代沟过程中会有怎样不同的发展走向。针对犯罪青少年问题，研究发现假成熟的青少年极易产生问题行为。这是因为不成熟的青少年在社会

[①] Galambos, N., Barker, E. and Tilton-Weaver, L., "Who Gets Caught at Maturity Gap? A Study of Pseudo-mature, Immature, and Mature Adolescents", *International Journal of Behavioral Development*, 2003, 27 (3): 13.

限制的过程中不会表现出强烈的抵触情绪,即成熟代沟较弱,这一类青少年认可自己的不成熟和社会对自己的安排。成熟的青少年在社会限制的过程中虽然会表现出不适应和反抗,但是反抗方式大多较为合理,即不会产生有害自己的行为。Galambos 和 Tilton-Weaver 认为青少年的成熟度可以通过三个方面来进行判断,青少年的年龄、问题行为和心理成熟度。他们设想假成熟的青少年认为自己的生理已经成熟,有很多的问题行为和很低的心理成熟度。当然这样的设想在不成熟的青少年和成熟的青少年中也存在。本书认为,帮助青少年正确理解自身成熟度,指导父母调整自己的教养方式,搭建青少年向成人过渡的桥梁等,可有效帮助青少年的道德思维与现实利益共存。

(二)不做禁锢在生活里的"囚徒"

虽然道德思想家非常厌恶用模棱两可的话语来描述事实和真相,但是随着人类文明进程的加速,人们不得不承认,任何一个罪犯身上都存在着潜在的矛盾,亟待救赎。作为司法工作人员,可以非常简单地通过一个人的犯罪行为来认定其是否邪恶,但如若在犯罪行为产生之前便不能轻易下结论。这个现象看似是个哲学问题,但作为青少年犯罪预防研究讲,犯罪行为后的预防只能是犯罪的再预防,起不到青少年犯罪预防的作用。理论界应该帮助那些禁锢在生活中的"囚徒",司法部门无法准确划分善良和邪恶的界限。一个未被开发和挖掘的道德思维,就像困在邪恶中的善良,只是人类无力将其剥离。关于人类本性混淆的事实,犯罪心理学家已经达成了一致,更多人的犯罪,并非存在极大的恶意和怨恨,而是因为一些微不足道的原因。可悲的是,人们会找寻自己的一把刷子,用一种不可理喻的、含糊暧昧的方式来伪装自己。一个不顾及犯罪人内心救赎的司法制度,不帮助他们摆脱"禁锢",那么司法本身便无法做到关注人性的要求。从纵向古到今、横向国际上对青少年犯罪行为都秉承着保护为主、惩罚为辅的方针。这为本书致力于开展的人性救赎奠定了基础,人们不仅要将目光放在青少年犯罪行为本身,还要探求青少年的人性状态,为什么他们的善良被困在了邪恶里。一方面,青少年由于其特殊的生理、心理阶段,他们较难判断是非对错,再加上外部环境价值文化的多元化,很容易受到其他人的影响。可以讲,很多青少年是在无意识状态下做了邪恶的"囚徒",如果按照问题青少年教育矫正的三个阶段划分，属于不知不觉阶段，更是青少年不成熟的标志。另一方面，青少年的独立、自信和针对成人世界的叛逆，使他们过于高估自己的能力，将外在信息指导拒之门外。这种情况会产生两种结局，当青少年的成熟度足够主导自己的成长定位，并顺利平衡道德思维与现实利益的天平，他们便属于先知先觉阶段，是青少年发展较为理想的状态；当青少年自以为较高的道德思维水平与现实差距甚远，却不以为然，他们便属于后知后觉阶段，这些青少年的道德思维水平是假成熟。

我国对青少年犯罪的方针，是加强司法保护，在涉及看管、羁押、预审、批捕、起诉、审判、法律援助和监狱改造等诸多环节，公安、检察、法院和司法机关及其办案人员范围内对青少年群体，主要是未成年犯罪人进行不同于成年犯罪人的司法制度和内容，确保祖国的未来得到应有的保护。例如，2015年最高人民检察院制定印发了《检察机关加强未成年人司法保护八项措施》，包括：严厉惩处各类侵害未成年人的犯罪、努力救助保护未成年被害人、最大限度教育挽救涉罪未成年人、充分发挥法律监督职能优势、积极参与犯罪预防和普法宣传工作、建立检察机关内部保护未成年人联动机制、推动完善政法机关衔接配合以及与政府部分和未成年人保护组织等跨部门合作机制、推动建立未成年人司法借助社会力量的长效机制。针对青少年犯罪问题，社会一致的宽容与疏导会给予这个群体新的生命力。从人性的角度来讲，与其困在生活中、困在邪恶中，迷失自己、痛苦不堪，还不如面对司法，放下包袱，在司法矫正中给自己一次重新解脱的机会。

(三) 道德思维教育下青少年成长的自由

本节致力于青少年个体的成长定位，这与我国古代提到的自我修养和提升密不可分，是一个千古不变的道德问题。笔者联想到了庄子的哲学观点，他将"道"从自然层面扩展到了社会生活层面，其中庄子表达了对精神无限自由的向往和追求，这一部分也成了庄子思想的核心，更是人类最崇高的理想。他认为，一个人只有破除功、名、利、禄、权、势、尊、位的束缚，在利益面前"无己"，在事业面前"无功"，在荣誉面前"无名"，才可能"乘天地之正，御六气之辨"，最终走上自由之路。① 这一哲学命题作为古代圣贤的精神追求一直激励着人们前仆后继，或者有些人觉得不切实际，认为这样的精神境界就连饱腹诗书、品行卓越的才子都望尘莫及，更何况是现如今的犯罪青少年群体。而且在当代社会，带有文人气息的精神享受已不再是莘莘学子的理想，成功和境界被赋予了多重界定，一个领悟"道"深意的人并不能将其感受扩大化，人们需要的是真真切切、实实在在的现实利益。在本书看来，越被人们遗忘和不屑的东西，正是现如今人们更需要的财富。针对犯罪青少年群体，并不是庄子口中的追求自由，而是道德思维教育下的自由的成长，是坚守自己道德思维底线的追求，更是勿忘善良本心的回归。无论外部环境如何变化，正在处理怎样的道德困境和人际矛盾，无论自己的善良和坚持在别人看来是多么笨拙和可笑，并无法带来相应的现实利益，但人们需要这样的自由精神，作为祖国未来的青少年更需要这样的精神。

正如本书在关系论中对青少年自我控制能力进行的阐述，人类天生是不受控制的，在幼儿时期孩子们学会了游戏与规则之间的平衡，在青少年时期他们又学会了自由和外部限制的平衡，人们终其一生都在学习平衡的技巧。没有一个人会心甘情愿地完全沦为外部控制的奴隶，成为生活的"囚徒"，很多犯罪人在人生的最后一刻会感叹死亡的解脱，没有了外部诸多因素的干扰，他们便能像羽毛一样轻盈，能回到人生的最初。青少年时期是人生的关键期，如果在这个阶段青少年就已经放弃对自由的向往，没有学会道德思维与现实利益的平衡技巧，那么他们很容易误入歧途，走上犯罪道路。如果本书需要用简短的话语来概括本节的中心观点，即青少年要注重自己精神自由的追求，在坚守道德思维底线的基础上，找到"善"与"恶"的平衡点，准确定位自己的人生，直面内心世界。当然任何自我修养都离不开外部的教育影响，青少年正处于家庭、学校教育的关键期，如何在家庭教养和学校德育过程中，帮助青少年成长定位，是接下来的两节要论述的关键部分。

---

① 孙通海：《庄子译注》，中华书局2007年版，第167页。

第二节　道德思维教育下家庭教养方式的启示

一　爱的教育：青少年具有给予他人爱的能力和责任

（一）从家庭教养方式看爱的教育

虽然关于"什么是爱"这个命题并未得到学界的统一认识，但心理学家普遍将其定义为一种需要，马斯洛认为爱是人类一种不可缺少的需要，弗洛伊德也认为爱是人类的基本需求之一，是确立人际关系的重要途径。我国儒家思想家将爱的内涵和外延进一步扩充，将整个伦理社会纳入进爱的世界中，所有的人际关系都是从亲子之爱中延伸得来，当小爱变成大爱，爱便成了"仁"。"我"与"他"，"我"与"自然"，"我"与"社会"和谐共生，融为一体，这便是道德思维的类我和推己及人的方法论。不论哪一个学科和思想家，都已意识到爱是联结人际间最深层次的和持久的链条，有了爱，任何复杂的道德困境都能得到化解，归根结底爱是由人的社会性决定的。当然我们国家提出的建设社会主义和谐社会所涉及的家庭和谐、社会和谐、人与自然的和谐，都离不开人们内心深处最原始的爱的联结。爱是道德思维的情感体现，是人性的善和最根本的德行，更是道德思维底线的最好写照。故爱的教育、道德思维教育和德育三者在本质上是相通的。爱的教育作为道德思维教育基本要求，需要人们学会体验、领悟爱和发展、践行爱。家庭教养方式最重要的任务就是在青少年头脑中激发被隐藏的善根，挖掘爱的潜力，这也是青少年成长理念定位的外部重要影响因素。总之，从道德思维视角下爱的解读包括：一方面爱具有双向性，期盼获得别人的爱，但也有责任和能力给予他人爱；另一方面爱具有普遍性，无论是多么自私、残忍的人，都渴望得到别人的爱，且或多或少具有爱人之心。青少年不但要在家庭中，通过父母的爱感受爱，习得爱的能力，并能将这种能力得到发扬，促进自己人际生活的和谐、稳定，因此，爱的教育是道德思维教育的主要实现途径之一。

提到爱的教育，学界比较熟知的是夏丏尊先生将意大利作家亚米契斯的教育小说 *Coure* 翻译而成的《爱的教育》，在 1925 年《东方杂志》

首次连载，后由商务印书馆出版发行，这部小说没有晦涩的学术语言，从一名小学四年级学生的日记入手描述了爱的真谛，包括师生之间的关心、学生之间的友爱、亲子关系的爱护等。当然除了这本著作外，外国教育学家卢梭和裴斯泰洛齐都对爱的教育进行过一定的论述，卢梭在其教育名著《爱弥儿》中强调，爱是儿童最基本的情感，也是对儿童进行所有教育内容的基础，只有在家庭中进行以爱为主的教育，才能使儿童在日后的生活中爱他人、爱社会。卢梭认为母亲对儿童及他人的爱是儿童健康发展的重要条件，母亲作为儿童道德思维的启蒙者，给予了儿童最基本的爱。"爱的教育"也是裴斯泰洛齐一生的奋斗目标，他的"爱的教育"思想包括萌爱、释爱、施爱和启爱四个方面，爱作为一种无声的和平和真诚的关心，让人们摒弃偏见，从而构建和谐生活。并且裴斯泰洛奇相信，人类任何因无知而犯的错误都可以用真诚的爱来救治。总之，爱的教育让道德思维教育抽象、深奥的价值理想变得有血有肉，因此，爱作为道德思维教育的实现形式，会逐渐帮助青少年找回迷失的道德思维。

随着儿童发展心理学的推进，家庭教养方式成为学界普遍关注的重要课题，自20世纪40年代至今，国内外很多心理学家都尝试用实证的研究方法探求家庭教养方式对儿童发展的影响，揭示了家庭教养方式的基本内在结构和特征。本书之所以没有从家庭教育的概念入手，是因为家庭教育作为一种特定的教育活动，已成为家长有意识对子女施以教育影响的活动。相比而言，家庭教养方式能够更为自由、全面地涵盖父母对子女的影响因素，有些学者还使用"抚养方式""养育方式""教育方式"等词语对教养方式进行描述。可见，学界对家庭教养方式无明确统一的定义。但是家庭教养方式作为儿童情感社会化的重要因素，被视为儿童发展的核心，特别是家庭在青少年早期所产生的影响巨大，虽然家庭教养活动自婚姻生活开始之初就已存在，但科学的家庭教养研究时间并不长。目前，学者们对家庭教养方式的研究集中在以下几点：一是教养方式的维度和取向，探讨某一情感维度对被试产生的影响；二是罗列家庭教养方式的基本类型和模式，后期发现家庭教养是一件极为复杂的活动，不是简单以某一类型为模板发展；三是探讨哪一种家庭教养对被试能产生积极的影响，从而指导父母的教养活动。

（二）家庭溺爱与青少年犯罪问题

爱是治愈青少年犯罪的良药，相对应地，变调的爱及家庭溺爱也是导致犯罪行为的重要因素。近些年来，随着富二代、官二代青少年犯罪数量激增，以及青少年犯罪研究人员对犯罪青少年的家庭状态所做的调查，发现家庭溺爱极有可能成为家庭教养方式的毒瘤，对青少年的道德养成产生不良的影响。溺爱型的家庭教养方式与青少年的违法犯罪行为具有很强的关联性，这一点在学界已达成共识。虽然爱是青少年成长的必需品，但是不讲方式方法，一味溺爱，变调的爱便无法达到预期的效果。人性中有善有恶，如若在青少年时期不能有效遏制种种错误和恶习，它们就会在未来发芽滋长，虽然在犯罪后可采取各种方法进行矫正，但它们已经扎下深根，给矫正工作带来困难。爱让青少年学会认识自己内心深处的道德思维底线，但青少年若长期受到宠溺，便会产生自高自大的自我认识，当道德思维与现实利益发生冲突时，不能很好地找到彼此平衡，问题也随之而来。战国末期韩非子说："怀幼以法本之本也……育幼无方，则民意乱，乱必丛生，而上位危矣。"[①] 可见，古人早就预见到家庭教养方式对青少年成长的关键作用。

下面本书从变调的爱的几种基本形式入手，阐述其对青少年犯罪的危害性：一是青少年的家庭暴力行为。谈到家庭暴力，人们更多地会想到丈夫虐待妻子和父母虐待孩子两种，但是青少年作为家庭暴力的实施者，已逐渐走进人们的视线。他们经常辱骂、殴打父母，事后还坚持认为父母应该被打，但也会产生后悔心理，有些青少年的家庭暴力行为还会延伸到家庭外进行。心理学家通过对45例施暴青少年家庭教养方式的相关因素进行分析，发现这些家庭成员的亲密度、情感表达以及独立性较差，并且这45名青少年均否认幼年时期曾遭受过暴力虐待。巧合的是，这45例施暴青少年均承认自己在家庭中有被过分宠溺的现象，父母对其轻微的暴力倾向经常不予追究。[②] 可见，变调的爱造就了家庭环境中的"小霸王"，培养了潜在的犯罪青少年。二是典型的青少年犯罪行为。

---

① 张觉：《韩非子译注》，上海古籍出版社2012年版，第223页。
② 张传芝、张艳秋、王秀云：《青少年家庭内暴力的家庭关系和父母教养方式的对照研究》，《中国行为医学科学》2004年第1期，第72页。

拿近两年较为热议的李某某事件来讲，全部指向了父母变调的爱。纵观李某某的成长经历，成绩优异，可以说是时代的宠儿。但是当他犯罪后，却没有马上意识到自己的错误，反而将责任推给了所有外部因素。这也与李某某长期受到父母溺爱的情况密不可分，如果每一个母亲在遇到自己孩子犯错后，都全然不顾自己孩子的过错，将缘由抛给他人，就算自己的孩子为此付出了代价，也无法从根本上扭转变调的爱所带来的弊端。三是青少年的道德失范问题，道德失范是犯罪行为的温床，需要及时关注并进行矫正，变调的爱对于青少年的影响包括对道德行为的影响和对道德认识、情感的影响。当然，人的道德行为受到道德认识、情感的支配，父母的过分溺爱会让青少年难以判断行为的对错，认为只要自己随意做的就都是对的，并能得到父母的赞许和认可。总之，变调的爱让青少年在道德思维发展的关键期得不到有效发展，并错过了青少年犯罪预防的最佳时机。

（三）青少年在爱的关系中学会爱

爱的教育是一种大德育观，因为凡是对人的德行有教化作用的活动都属于德育的范畴，故德育是无形的，它直接植入人的灵魂深处，并产生持续而深刻的影响。所以德育的实现途径不仅包括严格意义上的学校德育活动，当下对道德思维教育进行研究，需要秉承着一种大德育观的视角。这种大德育观的"大"，不仅体现在范围和广度上，更是内在意义的"大"。教育的对象是人，所有教育活动内容都围绕着如何塑造和改造人进行，融入了社会对人的各种要求。无论是从教育学，还是伦理学，对人类进行德育的过程都是一个趋善的、理想化的过程。这种理想、和谐的世界最终的呈现方式需要爱的装点，由人际间的爱编织而成，因此，爱的教育从内在意义上讲也属于大德育观的内容，是方式方法，更是任务和目的。需要指出的是，虽然爱与爱的教育深入人心，但人们并没有专设爱的课程，爱的教育资源被分解在学生的各门课程中。总之，爱的教育就是要使青少年在人际间的对话、交流中，产生情感共鸣，深刻领悟爱的精髓，唤醒个体天赋的道德思维底线，重获对爱的信仰和践行。这是否说明爱的教育应该体现在青少年生活的方方面面，没有重点呢？本书认为，道德思维视角下青少年犯罪预防研究，需要更早更快地找到问题的源头，对犯罪活动的预防也要尽早尽小。关于爱的教育，父母作为孩子爱的第一任老师，负有不可推卸的责任，这也是本书将爱的教育植于青少年家庭教养方式中的原因。

青少年要在爱的关系中学会爱，使青少年能够体验爱，对他人的爱给予积极的回应，并提高爱他人的能力，培养青少年的爱人品质，并使青少年建立起良好的爱的模式和爱的关系。可见，让青少年在爱的关系中学会爱是走出当前青少年犯罪预防的困境的根本出路。目前，学者们将爱的概念更加具体化，用学会关心的观点来替代爱的表达，较为成功的理论是诺丁斯的关怀理论，而学会关心也成为 21 世纪的教育命题，更是实质性的教育实践模式。本书借鉴学会关心教育模式的基本理念和方式，将其纳入家庭教养方式中进行讨论。首先父母要在家庭中营造爱的人际关系，这种关系不是单方面的爱，而是被爱交织的家庭网络，父母之间的爱、父母对爷爷奶奶的爱、兄弟姐妹之间的爱等。本书相信爱作为一种互动关系，让青少年通过隐形学习，习得爱的能力。其次帮助青少年在爱的实践中学会关爱，爱和关心不是一句空话，需要青少年不断地践行，一个在家庭环境中不会实践爱的青少年，谈何在社会中延伸呢？最后让青少年在爱中责任生成，爱可以导致青少年责任的自觉，学会爱与责任生成具有内在的逻辑一致性，当在爱的关系中学会爱时，青少年能体验到"我"与"他"，或整个社会的依赖，也就能使青少年自然生成一种对自己、对他人与社会生存状态的普遍爱。

二 平等教育：青少年要尊重与理解多样性

（一）了解平等观的发展与变迁

道德思维活动中的类我和移情，在很大程度上呼唤平等教育，如果不能突破人际间、人与社会、人与自然的隔阂，道德思维活动便会失去最赖以生存的土壤。平等作为人们对理想社会的追求，一直是理论界探讨的重要课题。但是几千年来，平等到底是什么，怎样界定其内涵和外延，学界始终莫衷一是。这也决定了本书所探讨的平等教育会具有特定的意义，不会等同于某一学科的平等定义。现阶段，关于平等观的认识有以下几类：一是完全意义上的平均，要求资源的完全均等，最为著名的话语便是"不患寡而患不均"。我国古代思想中孕育了大量此类话语，这种观点属于平等观认识的初始阶段，由于过于理想缺乏实践性而被人们所质疑。二是内涵平等说。思想家们不仅从物质资源角度对平等进行解读，还将其上升到认识或价值的层面，把平等置于人性或人格当中，作为一种道德抽象而存在。这种观点的平等时常被思想家运用于各种宗教和政治活动中，具有一定的现实操作性。三是将平等作为人类追求的理想目标，属于应然的社会状态，帮助人们绘制属于自己的蓝图。

虽然平等观作为一种抽象的状态，让人们难以琢磨和把握，但学者们还是在平等的绝对和相对中找到了自己想要的平衡。每一个历史时期和某一个领域，都会重新定义自己的平等。本书从道德思维视角下进行青少年犯罪预防研究，试图通过改善家庭教养方式，让青少年认识到平等的重要性，并能将这种平等的能力得到发扬。使"我"与"他"建立道德思维活动的桥梁，从平等观的划分来看，本书的平等教育接近于第二种定义。让青少年从认识和价值取向上将自己的人性同他人的人格置于一处，相信人性本初的平等是存在的，甚至扩展为人与社会、人与自然的平等。父母作为孩子的第一任老师，要让他们坚信别人与自己并没有不一样，防止在孩子心目中形成区分人们三六九等的认识。总而言之，平等教育一方面需要让青少年感受到平等，还需要具有使用平等权的能力，具有正确的平等观。这种从根本上让青少年承认人性平等的教育，离不开家庭教养方式的正确使用。

（二）感受教育平等与平等教育

受教育权作为青少年的基本权利之一，不断要求教育体制机制作出调整，以满足最广大的受教者的权益。现阶段，教育界对教育平等的含义把握包括教育的权利平等和教育的机会平等，虽然受到政治、经济条件的限制，机械的教育平等很难实现，因此教育平等也要遵循差别性对待的原则。当然谈到教育平等，人们首先想到的是谁与谁的平等，即教育平等的主客体问题。如若以个体为主体，强调的是个体不因出身、财富或宗教等原因而影响其受教育权；如若以群体为主体，则考虑的是某一群体在教育发展水平上存在的客观差异，进而改变其在群体竞争中的不利地位。目前，教育平等的重点放在群体间进行研究，力求达到城镇间、东中西部间、不同省份间、不同民族间的平等。在这里，本书之所以先谈教育平等，后谈平等教育，一方面因为教育平等与青少年的成长息息相关；另一方面源于教育平等的基础性，若没有教育平等，平等教育也就很难实现。可以讲,教育平等是人们生活平等观践行的重要尝试,教育平等的实现决定了社会各阶层流动的合理性和人才未来的走向,是社会平等的一个缩影。截至目前,这种追求群体、组间的平等已成为各国教育界改革的主要方向。这也决定了平等教育的实施,离不开对群体和组间的考量,这也为家庭教养方式中平等教育的尝试提供了范式和方法。

目前学界并未严格区分教育平等与平等教育两个概念,甚至有混用之嫌,有些地方更是将平等教育解释为教育平等的具体实现形式。如在学校生活中,教师对学生不差别对待,在制度和形式上不让学生感受到好坏之分,考试成绩不予公开,做出选择时要抽签或民主选举决定等。当然很多方式在我国的学校教学过程中很难实现,不符合学生优劣评选的要求,这也是平等教育一直在组间进行探讨的原因所在。本书在这里想强调的是,平等教育作为一种教育内容一直被学术界忽视,难道学生们不需要学会平等观吗?不应该了解平等的价值吗?抑或学生们不需要实践平等?事实上,在教育内容角度考虑平等是一件单薄的任务,但是将平等贯穿于课程与教学的方方面面对于青少年平等观的形成也是十分重要的。本书认为家庭教养恰巧能够弥补学校教育的缺失,具有灵活多变的特点,父母可以在青少年的成长过程中帮助他们形成正确的平等观,为道德思维活动奠定坚实的基础。其实无论是爱的教育,还是平等教育,都是在唤醒青少年内心深处天赋的道德思维底线,坚持善的品质,这是大德育观下道德思维教育的基本内容,也是青少年德育不可或缺的重要因素,决定着青少年未来道德养成的结果,应引起学界的关注。

(三) 践行平等与家庭教养方式

不知从何时起,"炫富"和"攀比"已成为一种社会现象,在信息化迅速发展的时代,这种现象也悄然从现实生活扩展到网络交友平台。这股风气源头便是家庭,父母还会根据现实条件为自己的孩子挑选玩伴。幼儿园更是成为家长争奇斗艳的舞台,孩子们会比较谁的爸爸妈妈开的车好,谁的玩具好玩。久而久之,这种金钱和阶层观念至上的现象会让孩子失去原本的童真,他们很小便学会了划分人群。当然金钱和阶层至上只是其中一种现象,很多家长对孩子的过度溺爱,也会让孩子误以为自己与其他孩子不一样,自大心理凸显。可见,家庭是践行平等的第一个场所，父母是帮助孩子学会平等观的第一任老师，一是家长要以身作则，不拿自己与别人比，更不拿自己的孩子与别人家的孩子比。若自己的孩子处于优势，会助长其骄傲心理；相反孩子若不如别人，不但不能激发孩子的上进心，还会让孩子更加消极。事实上，父母应该了解，由于每个家庭的教育背景和生长环境不同，盲目比较是不科学的。况且从本质上来讲，每一个孩子的人格都是平等的，作为父母的宝贝同样值得关注。二是感恩教育，父母要让孩子明白，虽然自己受到父母的宠爱，但是自己也同样有责任了解自己的索取和父母的付出，这不仅能让孩子懂得爱的感恩，还能培养孩子的家庭责任感。三是不要过分溺爱孩子，父母对孩子的爱是无私的，他们甚至会想尽一切办法给予孩子，这样一来，很容易造成孩子以自我为中心的性格，唯我独尊，不接纳任何人的意见。四是要及时纠正孩子的同伴圈，家长如果发现孩子热衷于以经济条件或其他因素为重点选择自己的玩伴，要及时进行干预，古代孟母三迁的故事便是最好的例子。五要让孩子保持健康积极向上的精神面貌，孩子的精神面貌与父母的关系、家庭的融洽息息相关，如果孩子在情感上得到应有的满足，自信心十足，便不会追求其他的刺激。

平等如同一面镜子，青少年在镜子中看到自己与他人并没有不一样，抑制人性中喜欢富余的感觉。平等作为一种优秀的道德品质，能够帮助青少年合理面对嫉妒和贪婪，防止自私自利人格的养成。总之，平等让人们感受到祥和与平静，可以心平气和地解决道德困境和人际矛盾，避免到达不相容的境地。正如本书在关系论中对逆镜像不平等阶段的阐述，不平等使人绝望、痛苦，容易滋生犯罪行为，犯罪人天真地认为犯罪行为本身可以扭转不平等的状况。如果青少年在成长的早期便能处理好平等与否的关系，正确理解和践行平等观，便能从根源上预防犯罪。

三 独立教育：青少年需要自己判断生活中的真善美

（一）青少年道德判断能力现状

目前学界并没有界定独立教育的内涵和特征，而本书的独立教育则是特指帮助青少年具备独立判断生活中的真善美，即道德能力培养，在家庭教养方式内部的教育实践活动。之所以要强调"独立"二字，是针对现有的青少年在道德养成过程中知其然、不知其所以然的状态，青少年学会了大量的道德知识和生活的禁忌与规范，却不知为何道德思维水平尚处于惩罚或奖励的前习俗水平。也许有的学者会质疑本书杞人忧天，认为既然心理学家所研究的道德判断水平与阶段是随着青少年的年龄增长逐渐获得的，那么在家庭环境内部，过早地提及培养青少年独立的道德能力是否具有现实性。首先，本书需要阐明道德判断能力作为道德思维的表现形式之一，能力的获得和挖掘需要不断练习，不然人们的大脑便会从直觉层面直接作出判断，当情感完全支配个体的道德判断时，道德困境和人际矛盾的处理也将处于随机状态。其次，若将独立的道德判断能力培养在家庭教养中弃而不用，则会错过青少年道德思维发展的关键时期，浪费家庭教养方式的合理资源，面对现阶段犯罪青少年群体低龄化的倾向，犯罪预防研究已不容等待。

本书关系论部分对犯罪青少年的道德判断水平进行了实证调研，其中相关因素部分，如家庭背景、家庭收入、父亲职业、母亲职业、父亲学历和母亲学历等因素都或多或少地影响着犯罪青少年的道德判断水平，心理学可以从某一因素入手来判断其与道德判断水平的相关程度，但却无法涵盖所有的因素，更无法界定哪一项因素的影响最为深刻。但家庭作为青少年的重要成长环境，必然是青少年道德判断能力的关键因素。我国古代的思想家非常注重儿童的早期道德养成，"蒙以养正"正是古代德育的主要原则之一，但是随着现代社会价值的多元化，青少年是否还能将自己接受的道德品质付诸实践？他们应该怎样面对自己内心的矛盾和疑惑？父母仅仅告诉孩子美德的内容是什么，什么是对或什么是错，却很少告诉他们面对道德冲突，他们应该如何做出正确的判断，这也是现如今家庭德育的缺失和不足。这是一场理论与实践的激战，很多学者认为突破这一瓶颈的方法便是进行道德知识与行为的训练，例如，托马斯·里克纳提出的品格教育。总之，要想正确解决道德困境，青少年需要理解支持或不支持自己观点的理由，综合各方因素作出判断，这正是独立教育的要求和目标。

（二）道德判断需要批判性思维

虽然国内外学者从培养独立道德判断能力的角度对青少年进行研究的成果并不多，但是批判性思维作为道德思维的重要层面已取得较好成绩。"批判性思维是指个体对某一现象或事物的长短利弊的评断，它要求人们对所判断的现象或事物有其独立的、综合的、有建设性意义的见解。"[1] 国内学者大多将批判性思维作为学生创新能力培养的重要组成部分，这一点和西方学者的见解存在一定的分歧。如何提高学生的批判思维一直是西方教育改革的重点，如杜威作为实用主义教育学家，主张教育在教给学生知识的同时，也要培养学生的挑战意识，强调"探究"和"反省性思维"的重要性。布鲁纳提出的发现教学法也是对批判性思维培养的一种有效尝试，随后西方教育界开展了全面的批判性教育运动，要求在小学、初中和大学都开设批判性思维的课程，提高批判性思维的目的在于帮助青少年在生活的方方面面更有效地运用这一思维技巧。显然创新能力和批判能力是不同的，一个依靠直觉和想象能力，另一个则侧重于逻辑理性的判断。可喜的是，人们逐渐认识到批判性思维不仅是一项思维的技巧，更是人类生活的不可或缺的催化剂，让生存更简单和幸福的秘诀。显然，将批判性思维运用于道德困境处理的时机已经成熟，批判性思维不再局限于课堂教学或服务于学生的知识学习。[2]

无独有偶，我国古代的思想家也非常关注批判性思维的运用。孔子提出"学而不思则罔，思而不学则殆"，韩愈也提出"师者，所以传道授业解惑也"。当然这种思想也只能说明古人对问题意识和质疑精神的推崇，仅仅停留在课程与教学活动中。相比西方学者将批判性思维定位为人的一种综合运用能力，我国思想家却将其局限在治学的范围内，相比之下可谓狭隘。本书认为，我国学者需要重新认识批判性思维的价值，把批判性思维与人的综合能力培养相结合，并将其作为道德思维培养的方式和方法，与人的道德养成相结合。不仅学生的学习活动需要批判性思维，个体的道德判断更需要批判性思维，人们对批判性思维的认识亟待一个质的飞跃。再者，批判性思维的不断推进，不仅对个体的思维能力本身具有积极作用，更是个体不断完善自我的过程，属于自我矫正和发展的过程。这种能力不能依靠别人获得，需要个体独立

---

[1] 岳晓东：《批判思维的形成与培养：西方现代教育的实践及其意义》，《教育研究》2000年第8期，第65页。

[2] 刘香东：《后科尔伯格时代道德发展心理学对我国道德教育的启示》，《教育探索》2010年第7期，第153页。

进行,没有谁能保证自己生命的所有阶段都能得到正确的引导和帮助,道德困境与人际矛盾随时会出现,倘若没有指导,或者受到错误的干扰,青少年应该作何选择,这不是他们应该考虑的问题吗?这也是本书提出对青少年进行独立教育的原因,即独立地进行道德判断的批判思维能力。

(三)独立教育与家庭教养方式

长期以来提到德育,人们认为学校才是青少年道德教育的场所,忽视了家庭在青少年道德养成中的重要地位。那么,什么样的家庭教养方式才是有效的,能够帮助青少年形成独立的道德判断能力?现阶段的家庭教养存在着一些误区:第一个因素是父母对孩子的过分保护和孩子对父母的过分依赖,以及青少年的成长提前和角色延缓。无论是父母还是孩子都将自己的成熟年龄定位时间越来越晚,现如今,大龄未婚男女群体逐渐庞大,一句"孩子还小!"就将青少年的任性和不成熟"包装"了起来,父母与孩子在这个问题上达成一致,不是青少年不够独立,而是角色延缓迫使他们不得不多加"修炼"。第二个因素是父母对孩子的期望范围过于狭隘,外部环境与父母对自己教养方式的检验的唯一标准是孩子能否考上好学校,取得好成绩,很少涉及孩子成长的其他方面,如此便将家庭教养的功能范围大大缩小。事实上,家庭教养方式不仅影响孩子的知识技能学习,更是青少年个性及道德品质养成的重要影响因素。家庭教养的主要功能在于培养青少年如何"做人",即育德。第三个因素是父母在家庭教养中的缺位现象,在中国隔代家庭教养已不新鲜,父母长时间忙于工作,老人成了青少年成长的重要他人,父母在青少年的道德品质养成中,往往是漠不关心,有时甚至会因为愧疚心理放任青少年的不良行为,何谈帮助青少年形成独立的判断道德困境的能力。

这里提倡培养青少年独立进行道德判断的能力,虽然最终的落脚点是让青少年形成独立的自我预防与矫正能力,属于自律的目标。但是在独立教育的实施过程中还是要遵循先他律后自律的原则,特别针对低龄儿童,对它们制定既定的规则是必要而又可行的,还需要监督他们能否按照既定的规范行为。根据皮亚杰和科尔伯格的儿童道德发展阶段研究结果,儿童进入学前期后便可以培养是非判断的自律性道德思维能力。家长可以和儿童一起商量道德规范的制定和缘由,听取儿童的意见,并展开讨论。这种方法可以让儿童在参与的过程中逐渐了解道德判断的利益相关因素，从而形成独立自觉的道德思维活动。以此类推，青少年在成长的过程中要不断参与道德判断活动，学会从不同的角度来看问题，增强青少年对道德困境的独立分析能力和对道德规范的理解。总之，父母要逐渐认识到自己的孩子已经长大，青少年早期的道德品质和行为习惯将会伴随他们一生，人们经常说的一句话是"不让孩子输在起跑线上"，这条起跑线不仅仅是知识技能上的，更是个性培养与道德养成上的。

第三节 道德思维教育下学校德育的反思

一 核心理念：己欲立而立人，己欲达而达人

（一）学校德育误区及其超越性

道德思维教育视角下青少年学校德育的反思，需要对我国改革开放后的学校德育政策进行回顾，便能清晰地了解我国学校德育核心理念的变化趋势。第一阶段是从中国共产党十一届三中全会到"十二大"之间，当时学校里对学生的思想状态进行了评估，认为学生的道德品质良好，没有必要进行德育工作，还有的学校将学生的违法犯罪行为过分放大。为了统一全国的学校德育思想，将学校德育放在重要的地位，与学生的智育和体育并列第一，并对恢复后的思想品德课下发了教学大纲。第二阶段是党的"十二大"至"十四大"之间，这一阶段明确了学校德育的指导思想，提出有理想、讲道德、有文化、守纪律的目标。并针对不断发展的外部环境，提出要在继承和发扬传统德育的基础上，适应不断变化的新形势和要求。探索更符合学生身心发展特点的课程内容，提出要在学生学习思想品德知识的基础上，加强社会实践和劳动教育。这也是本阶段学校德育的创新性举措，不但在当时特定的历史条件下发挥了重要作用，且值得现阶段学校德育学习。第三阶段是从"十四大"至今，学校德育的地位得到进一步提升。首先德育内容得到充实，将公民道德教育放在重要位置来抓，青少年作为公民道德教育主要群体，学校作为道德教育的主要阵地，肩负着国家未来的文明走向。此外，在学校德育内容方面增加了民族主义精神、社会主义荣辱观、心理健康教育等内容。

第三阶段虽然进一步延伸了第二阶段的实践劳动内容，实施主体却限定在大学生群体，鼓励大学生走出校门，走进基层，参加各种社会公益活动。

综上可见，我国学校德育的核心理念是多元的，涵盖了道德、思想、政治，以及最新提倡的法治、人文等内容，帮助青少年形成正确的世界观、人生观和价值观。范围之广、内容之全、任务之多，是现阶段我国学校德育的基本特征，面对层出不穷的青少年道德失范、违法犯罪问题，人们的焦点便会放在现有的学校德育中内容的空白，方法的不当以及目标不清晰等方面，本书同样疑惑，是我国的学校德育本身存在问题吗？还是在根本认识上存在误区？首先，正如本书将爱的教育、平等教育和独立教育放在家庭教养方式中去谈，德育若只靠学校一个领域，势必会捉襟见肘。且不论我国古代社会的道德思想传承并不依靠学校教育，而自学校教育产生之日起，虽然学校的文化传递功能一直得到国内学界的认可，随着家庭教养水平的提高，文化信息传递的发展以及学校教育功能的不断扩展，学校德育中心论能否继续立足学界值得堪忧。本书认为如何在学校德育地位去中心化的前提下，聚焦优势，调整思路是眼下学校德育困境的出路。其次，学校德育被限定为一门专业课程，或为实现特定目标的一项活动，小学有政教处，中学有教导处，大学有学生处。学校德育成为学校具体部门，具体工作人员的具体工作，而非从事德育工作的人员便可以将学生的人格与品德养成工作高高挂起，本书认为学校德育应该融入学校的各项活动中去，而不仅仅局限为学校中的一种特定德育活动。最后，学校德育不能像经济投资一样马上收到回报，十年树木百年树人便是育人效果的体现。一方面，德育的效果分为显性和隐性两种，一些影响需要在遇到相对应的道德困境才会凸显；另一方面，学生虽然在接受正规的学校教育活动，但其道德养成的过程受到诸多因素的影响，不能单单依靠学校德育的评价标准来进行评判，本书认为对学校德育结果的评价不是简单的德育知识获得多少的考察，而在于学生是否掌握了道德思维的方法，并运用于自己的人际矛盾关系中。学校德育呼吁一种全新的理念，超越以往知识中心、学校中心、专业中心的限制，寻找一种能将以往理念整合，并体现其本质的新的核心理念，使学校德育的功能最大化。

(二) 学校德育理念的转换

人们对学校德育的过高期望，使近些年来的德育效果不佳现象凸显。学者们不断从各个方面对学校德育进行反思，目标是否过大，内容是否过多，方法是否不得当。总之，学界迫切对学校德育理念进行范式的转换，以突破现有德育低效的"瓶颈"。理念与目标如影随形，不同的理念决定了不同的目标，从学校德育现有的目标设定来看，无论是整体目标，还是德育过程中的分层目标，都紧紧围绕着社会需要与环境要求进行，这也是社会功用论的体现。但是无论出于何种目的，德育的最终实施者在于个体自身，个体能够体悟吸收多少，可否将所学内容正确运用到自己的实际生活中，这才是学校德育最终的归宿。可见，从理论走向实践是现有学校德育进行的第一个范式转换。学校德育不仅要关注学生学了多少思想品德知识，还要关注学生能够实践多少道德行为，是否掌握了道德思维的能力。

这项研究范式的转变，包括以下三点：第一，要求转变学校德育等同于科学技术知识教育活动的理念，只关心将道德知识体系的内容灌输给学生，而学生能否从一个饱学知识的伦理人变成一个真正意义上的道德人，学校教育却并不在意。学校德育应该讲目标聚焦为人自身，被道德知识捆绑的异化德育无法走进学生的内心深处。学校德育应该帮助青少年找到迷失的自我，寻找道德思维底线的价值，获得人之为人的生存意义，这才应该是学校德育的核心理念。第二，打破学校德育固有的模式，虽然德育作为正式的教育实践活动，是教育者有目的、有计划对受教育者施加影响的活动，但如果学校德育局限于有目的、有计划的活动，那么势必会将一些无意识道德培养活动排除在外，这些无意识的影响不但不应该被忽视，还会是青少年成长过程中的重要影响因素。当然若将有意识和无意识的道德影响都纳入学校德育的范畴，需要解决一个矛盾关系，如何控制那些无意识的道德影响，这个看起来无法协调的矛盾，只是一个表象，教育活动看似在控制所有外部因素，其实质都是在帮助受教者形成自我控制。当学校德育从关注外部德育相关因素，转而关注受教育者自身的情况，学校德育便进一步向人本主义精神靠近，更是一种人文关怀。第三，针对现有的学校德育内容，到底要大，还是小，一直是学者们争论的焦点。结果往往更为中庸，那便是如何整合最优质的德育资源，本书认为这个问题也是一个伪命题，既然德育是针对个体人格和道德品质养成的活动，那么主体的人便是德育活动的最终落脚点，真正的整合是与人在一起的，难道学者们不应回答到底人们需要什么才能更好做出道德判断的问题吗？从理论到实践的转变，从知识到能力、从外部控制到内部控制、从要求到需要，学校德育理念的范式转换将矛头全部指向人本身，也许应该换一个思维方式来看，当人性成为德育的主体，德育活动又如何处理人性间的关系，这便是本书想要探讨的新型关系观。

（三）学校德育活动新型关系观

学校德育本质上是培养、塑造、改造、转化、发展、完善人的活动，人是学校德育的落脚点和整合因素，既然人成为学校德育的目标、内容和方法，那么学校德育活动必然要关注人的关系。这里人的关系，一方面是指学校德育的目标是帮助学生正确处理未来生活中的道德困境与人际矛盾，为成为一名合格的社会人做准备；另一方面是指学校德育的内容致力于教会学生如何处理人与人、人与社会、人与自然、人与自身的规范和经验，仍然围绕着人的关系而设定；此外学校德育的方法也属于人际关系中教育者与受教育者的互动，教育者认为合理、有效、正确的规范能否被受教育者全盘接受，教育者又该如何对受教育者进行影响，才能顺利完成教育任务。从这三个方面来看，如果没有一个整合的关于人本身的核心理念，学校德育活动便失去了主线与精髓，看似是一个整体，却极易被分割成不同的领域和内容。况且人文关怀本应是学校德育的逻辑起点，是一门人文色彩极浓郁的学科。

道德思维教育下青少年学校德育的反思，其核心理念为欲立而立人、欲达而达人。这句话的意思是作为仁人，若想自己立身，就要帮助别人立身；想要自己通达，也要帮助别人通达。任何事情都从贴近的生活中将心比心、推己及人。这也是道德思维教育活动最中心的思想内容，既然学校德育作为一种正规的教育活动，必然是教师教、学生学的双边教学活动。伴随着教与学的相互影响，师生人际关系的和谐与否必然成为学校德育活动成功的关键。当然虽然本书从师生关系对新型关系观进行阐释，但这一核心理念不仅可用于解释师生关系，更是学校德育活动方方面面的写照。德育的功能决定了不能像其他科学技术知识一样机械地进行知识灌输，需要在教育者与受教育者之间形成一种心灵层面微妙的接触。在孔子看来，己欲立与欲人、己欲达与达人之间是互为因果的，教师在对学生进行德育的过程，也是教师自己不断完善和发展的过程。学校德育不仅是一门普通的课程，更是教师以人为本的体现，将自己置于德育活动中，在与学生的关系中体验善与美，如此才能达到教化学生的目的。

具体来讲：第一，教师不能将德育活动看成是学生群体的事情，在道德养成的道路上没有谁可以说自己已经完成了修养，如果教师的教学前提便是学生需要德育，自己是已经达到要求的人，那么和谐的师生关系便不复存在，德育有其特定的内涵和外延，教师不必困扰学生能否学会道德知识本身，从难易程度将和其他学科有着本质的区别。教师应该更关心学生能否践行道德规范的内容，这就需要教师和学生一起在实践中验证道德的魅力，因此，学校德育是人类共有的使命，学校中的任何一员都需将自己融入德育群体中进行塑造。第二，教师想让学生对德育的内容深刻理解并付诸实践，从教师的角度看，这是为了祖国的未来、学生的品质以及教学目标本身，但是从学生的角度看，教师是否还需了解学生学习和践行德育的理由呢？将心比心和推己及人，看似简单，却需要教师颠覆以往的教学理念，自己先投身德育的海洋中感受道德的魅力，也要让学生体验到道德的美好，帮助他们形成自我矫正能力。总之，学校德育的过程需要双向把握，既然属于道德思维教育活动，便离不开类我和移情，这是学校德育成功的秘诀，也是个体道德养成的基本方法。

二 方法论：寓理于境，知行统一

（一）道德两难法在学校德育中的运用

我国将科尔伯格的道德两难故事运用于学校德育教学实践中始于1990年，在天津新大路中学和中山金融职业中等专业学校开展了历时三年的道德两难故事讨论，结果发现通过故事讨论，学生们的道德判断能力都明显高于之前的水平。学生们不但能从行为结果，还会与行为动机相结合对道德困境作出判断，将自己置于他人的境地和状态进行思维的能力也明显提高，"我"与"他"的转换更加流畅。此外通过本次试验，学生们的他律性行为明显减少，自律性行为明显增加。可见，道德两难法能够使学生们了解道德正反两面的观点,增加对现实道德困境与人际矛盾参与讨论的机会,不仅能够提高自己对是非善恶的分辨能力,还能提高应变能力、语言能力和独立思维能力。道德两难法之所以能够达到如此好的效果,一是缘于这种教学方法的新颖性,激发了学生参与的兴趣和热情,学生们对这种没有分数压力的方式感到很轻松,有利于积极投入、畅所欲言;二是当学生们选择不同的道德观点时,自己便无形中进行了角色扮演,学会了用不同的角色来思考和解决问题,这会激发学生思想的矛盾,不断进行思想斗争,最终在教师的指导下完成判断。三是学生在进行道德判断的过程,明显高于自己之前的道德认知和判断水平,在道德冲突中极易接受较高的道德认知。综上,道德两难故事法在学校德育中的运用具有其合理性、有效性和可行性。

反观国内的学校德育课,多是以间接的道德知识为载体展开,学生们普遍反映思想品德课十分枯燥,较为抽象空洞,德育课成为老师和学生公认的放松课,老师没有压力,学生没有兴趣。可见,学校德育课原本灌输式的知识教育已不能适应现代德育的要求,学校德育亟待一种快乐而有效的方法进行教学,全面推行道德两难法已刻不容缓。当然,这种方法的应用,需要厘清几个问题:一是师资方面。可以说道德两难法能否成功,关键在于教师。创建德育活动的新型关系,以一种更为平等、合作的方式完成教学。学生是整个教学活动的主体和主导人,教师则是策划者和支持者,在道德两难故事情境设计、呈现、指导和总结等环节发挥着重要作用。二是课程设置问题。如何将道德故事两难法科学、有序地融入德育课堂中是当下学校德育最为紧迫的任务。如一个主题分为几个课时合适,是否需要统一主题内容大纲等。三是教学设计问题。道德故事两难法在教学中应具备几个环节和阶段,教学过程如何安排最有效,是否可采用最新的多媒体教学,还是以角色扮演的形式进行呈现等。本书认为,任何一种新颖的方法运用于学校德育,都需要反复论证和实践,不断发现问题,并使之完善,相信道德两难故事法能够在学校德育活动中发挥最大功用。

(二)学校德育呼唤实践活动

由于教师对德育核心理念认识存在偏颇,从而导致了教师在学校德育活动中以知识灌输和理论说教为主,道德认知与道德行为进一步分离,知行难以统一。本应该同步发展的道德认知、情感、意志和行为，在学校德育得不到统一，学生成了语言的巨人、行动的矮子，这也成为反思当前学校德育效率低下的重要原因。简单来讲，学生在学校德育活动中，只是单纯学到了道德知识，相应的道德情感和意志没有得到开发，道德行为犹如一纸空文。从哲学角度来看，只有道德认知，没有道德行为的现象也被称为伪善，当然关于伪善的内涵和外延仍需进一步验证，但是知行脱离的现象作为伪善的表现形式之一毋庸置疑是值得关注的。[①] 当然，从道德认知到道德行为，情感因素发挥着重要的桥梁作用，这一点本书会在学校德育的侧重点中进行详细论述。当前最为迫切的任务便是要在重视道德认知的前提下，进一步强化实践活动的地位。道德不是被教导的，而是被感染的，如果学生不能从内心深处理解道德行为准则，死记硬背的知识很快就会被学生抛诸脑后。

这里的实践活动含义广泛，可以理解学校为直接德育活动补充的隐形课程，使学生在潜移默化中受到德育价值的影响，无论从学校的自然环境、建筑和景观，还是学校的规章制度，学校风气与班级氛围等，无不对学生的道德品质养成产生影响。值得提出的是，德育的隐形课程，不仅在学校，在家庭和社会中的道德环境影响也同样重要。学生就日常生活实践中，感受着道德的价值和魅力，这种实践活动是无意识的道德实践活动。相对应的是有意识的实践活动，从领域上课分为家庭道德实践、学校道德实践和社会道德实践三种。例如很多幼儿园提倡的家庭感恩实践活动，为自己的父母洗一次脚。参加学校开展的道德实践活动，并走出校园，走进养老院、残疾人社团等地方，用自己的实际行动将道德认知转化为道德行为。通过实践活动，可以将教师外在的说教与学生内在的体验有机结合起来，理论与实践完美契合，这将是未来学校德育的重点改革方向。

（三）学校德育实践活动的种类与特点

德育实践教学不但是理论教学的有效载体，也是加强德育理论教学的重要手段。本书试图梳理国外经典的集中学校德育实践模式，为我国

---

① 刘香东：《后科尔伯格时代道德发展心理学对我国道德教育的启示》，《教育探索》2010年第7期，第92页。

的学校德育实践活动提供必要的经验。目前，国外德育实践分为欧美模式、亚洲模式和瑞典模式三种。欧美模式是以美国为例，通过开展丰富多彩的课外校园活动对学生进行德育。具体包括校园内活动和社会实践活动两种，校园内活动有文体活动、礼仪活动、学术活动和社团活动等，社会实践活动有社会政治活动和社会服务活动两类，其中社区服务和志愿活动可以帮助学生们形成一定的社会责任感。除此之外，美国还通过大众传统和社会公共环境来宣传自己的传统文化与主流价值观。亚洲模式以日本为例，日本除了一般意义上的课堂教学活动，也十分重视课外活动的德育作用，称之为特别活动。让学生们通过集体活动，培养他们的团队意识，具体包括仪式、体育、文艺、学术、旅行和劳动等内容。在社会实践活动方面鼓励学生到农村和企业进行劳动，亲密接触大自然，并到社区参加一定的志愿活动。当然，同美国一样，日本也十分重视大众传媒对学生的道德影响。瑞典模式以瑞典为例，十分注重社区的德育作用，将社区实践作为学生道德知识的来源，把家庭、社会、传媒作为学生德育的重要途径，同时借助法律实践加强学生对道德的理解。总之，国外学校德育实践活动划分为校园德育实践模式与校外德育实践模式两类，通过校园德育实践活动可以将课堂的优势与学生的特点结合起来，实现德育知识学习与运用的目的。校外德育实践活动是课堂德育教学与校园德育实践活动的继续和延伸，它既是对道德知识的检验，也是对道德知识的应用。

我国大学生德育也十分重视学校德育实践活动，相比中小学的学校德育实践活动显得尤为不足，导致这一现象的原因在于中小学长期以来的知识教育目的，学校将更多的精力放在学生的升学考试上，德育实践活动得不到教育有关部门的重视，不在教育评估的必要考察范围内。值得关注的是，犯罪青少年群体的知识文化水平普遍较低，大多集中在初中及以下阶段，部分高中生、大学生所在的比例相对较少。抱着及早、及小的原则，若想将青少年犯罪预防的功能最大化，更应该将学校德育实践活动纳入中小学的德育范围内。而且考虑到中小学生的年龄较小，很多家长对孩子的安全性考虑较多，学校方面也会因为德育实践活动的时间安排、经费投入、安全保障过于烦琐，最终望而却步。可见，学校德育实践活动一方面需要得到家长的理解和支持，适当让家长参与其中，共同践行道德理念；另一方面还要得到政府的政策性支持以及教育有关部门的配合，实践活动涉及的领域较多，需要全社会共同参与，才能有效实现德育实践的目标。随着学生们对学校德育实践需求的加剧，我国中小学德育实践活动会更加完善，不断创新，为了学生的道德品质养成贡献一分力量。

三 侧重点：重视培育和发展青少年的情感

（一）青少年情感缺失与情感教育

青少年是人生情感最丰富的时期，如果不能及时引导和开发，便会产生一定程度的情感缺失，不能体验情感、理解他人，更不能感悟生命的意义。前面本书提到了道德认知到道德行为的转换，其中的催化剂便是道德情感，没有道德情感的参与，个体很难将枯燥、晦涩的道德知识自主自愿地付诸行动。但是情感不同，明白不同于愿意，最终决定个体行为的还是自我的最后一道防线，属于自我控制的范畴。目前，青少年的情感缺失表现为对传统伦理和亲情的缺失、对现实生活亲近感的缺失和对生命存在意义感悟的缺失。这些缺失直接导致了青少年的各种问题频发，例如青少年对父母亲情的冷漠，沉迷于网络世界不能自拔，对他人生命的漠视等。每当面对这些问题，人们都会将矛头指向德育本身，难道是德育的内容不完整？事实上，目前我国学校德育所涉及内容较为全面，学生所接受到的道德知识已超越一般意义上的要求。既然这些问题不在于青少年道德认知本身，那便是道德情感的作用不能有效发挥。当然针对犯罪青少年低龄化的现状，不排除青少年没有接受一定道德知识教育的原因，但是情感作为青少年道德养成的重要因素，需要引起学界的广泛关注。

学界对于情感教育的重视伴随着道德思维神经研究结果的完善而凸显，正如直觉层面作为道德思维的重要组成部分一样，理性与感性共存，更何况对道德思维运行机制的研究表明，当批判与理性经过个体不断的好恶取舍行为得到强化后，日后看似简单的直接反应又何尝不是之前批判性思维积累的结果。当下本书探讨道德情感的重要性，从本质上来讲，更是无法准确将情感剥离。且不论德育系统，在世界范围内，全球的教育事业都集中在人的大脑左半球，而关于右半球的情感经常被置之不理或忽略不计，虽然情感教育还未成为教育系统的重要组成部分，但已被人们广泛理解。鉴于情感教育的功能，本书将情感教育分为三种模式进行探讨：一是预防性情感教育，针对青少年未来发展过程中的情感需要所进行的设计，例如矛盾处理、两性冲突等；二是发展性情感教育，涉及青少年较高程度的发展，如人际关系训练，自尊心、自信心的培养等；三是矫正性情感教育，为问题性学生提供帮助，如心理咨询等。本书所提倡的青少年情感教育主要是预防性和矫正性的内容，针对青少年犯罪预防本身，最终指向青少年的幸福生活。

（二）学校德育情感教育失位的反思

现实表明，一个人的情感缺失或畸形会让个体以至社会的发展产生很大的障碍，虽然教育界深知情感因素的重要，但面对学校唯理智教育现状根深蒂固，这场情感与理智的争论仍将继续。目前学校德育情感教育失位的原因有：一是知识教育长期以来占据着学校教育的中心地位，使情感教育的存在空间较小。受到现代经济效益和功利主义价值观的影响，知识教育作为个体谋生、经济政治社会需要的服务手段，伴随着大工业生产规模化与流线化，忽视了个体人文素养的培养。二是应试教育传统作祟，当前我国中小学教育还存在较大的升学压力，虽然教育界提倡的素质教育与基础教育课程改革已经对应试教育进行了全面革新，但是在现有中考、高考制度下，很多老师和家长还是选择了应试的方法，希望自己的孩子能够在考试大军中脱颖而出。例如，国内较为出名的毛坦厂中学被称为"超级中学""亚洲最大高考工厂"等。但针对该学校严苛、军事化的高考训练，学校也被外界称为"地狱""集中营""高考工厂"等。虽然从该学校毕业的学生多被外界看成是"高考工厂"产生出来的"考试机器"，却无法动摇家长和学生们对该学校的崇拜之情。三是教育者的惯性思维，几千年来的教育经验都围绕着人们的知识能力培养而展开，情感被认为是人类先天具备的既有财富，无须通过教育的手段获得。又有谁会承认自己的情感缺失，貌似情感缺失就预示着自己的不幸。况且情感需求作为人们较高水平的追求，长期被视为奢侈品，不被广大学子接受。综上原因，学校德育中的情感教育一直处于失位状态，这也间接导致了学校德育失效的结果。

学校德育情感教育分为两个部分，一方面是学生自身的情感品质，另一方面是教师和学生之间的情感纽带,二者缺一不可。反观目前学校德育,多以完成教育内容和目标为任务,强调知识传授,而忽视情感的培养。这导致了教师和学生之间缺乏情感的交流,认知和情感分离。青少年正处于自我意识的上升期和叛逆期,学校德育的教师若用简单粗暴的方式对青少年的道德进行干预,势必会引起学生的反感,无法达到教育的预期效果。青少年只有被深厚的情感渗透时,才能获得道德思维的动力,引起自身积极的道德思维运行活动。可见,道德思维视角下学校德育的反思,便是将道德思维机制运行的各个环节和内容准确运用在德育过程中,批判性思维和直觉思维作为道德思维的两个重要层面,在学校德育中不可或缺,这是德育与其他教育内容的不同之处,更是德育本质规律的体现。

(三)让情感在学校德育中彰显魅力

情感教育的突出特征便是"人",对青少年进行情感教育便是进行情商的开发,从而帮助青少年做出正确的道德判断,更为深刻地理解道德的真、善、美,潜移默化地提高青少年的道德素养和责任意识。道德认知转化为道德行为的必经路径离不开道德情感的催化,积极的情感能够帮助青少年形成正确、符合伦理要求的道德思维。相反,消极的情感不但会阻滞道德认知向道德行为转化,还会误导青少年做出错误的道德判断。让情感教育在学校德育中彰显魅力,这是学校德育的发展和创新,更是个体道德思维发展规律的本质要求。学校德育情感教育需要正确理解"情""感"和"育"三个关键词:"情"是情感教育沟通的前提,教师是学生在学校最赖以信任的人,在学生的道德养成中负有不可推卸的责任,学生在生活和学习中遇到困难,如能遇到老师的耐心指导,去倾听学生内心的感受,便能及时发现问题并得到预防。德育老师需要接受一定程度的情感培训,使其具备一个德育工作者应有的情感能力。"感"是情感教育的基本方法,青少年由于生理、心理还不成熟,极易产生问题行为,需要教师的帮助和指导,感受青少年的不安,让青少年感受到教师的关怀。"育"是积极的激励手段,教师要饱含热情投入到德育工作中去,对学生及时进行启发和引导,使"育"环节更富有生命力和能量。

做好学校德育情感教育的具体措施有:一是开设道德情感专项课程,使学校德育情感教育科学化和系统化,学校德育情感教育课程以校本课程为主，课程可安排隔周开设，情感教育的方法有角色表演法、情感线索法、手工操作法等。由于国内还没有情感教育的专门教材，学校可根据儿童道德情感发展规律和培养目标，参照中小学德育教材的体例进行编制。当然情感教育专项课程的开设以小学和初中阶段为易，高中阶段由于繁杂的课业负担，可以不考虑教材的编写。二是将情感教育渗透在各个学科的教学中去，课堂教学是学生学习的主要阵地，如能将各个学科课堂有效利用起来，不但能够解决专项情感教育的可行性问题，还能增强各学科的人文素养水平。三是创设情感教育活动，这属于社会实践活动的范畴，这里不再详细论述。总之，通过学校德育情感教育活动，能够培养学生敬畏感、责任感、荣辱感、关怀感和感恩感，它们在增强学校德育有效性方面，日益扮演着重要的角色，成为完善青少年人格品质的重要手段。

小　结

本章道德思维视角下青少年犯罪预防理论，将道德思维教育理念具体化为教育实践活动，运用在青少年的自身修养、家庭教养和学校德育中。道德思维教育实践活动的本质是针对人的道德养成、处理道德困境和人际矛盾的能力，在遵循个体道德思维活动运行机制与内在规律的基础上，围绕着不同阶段、领域的青少年，即个体——人所进行的探讨。总之，无论是青少年自身、家庭、学校还是本书下一章谈到的司法矫正，最终的目的便是道德思维能力的培养。其中在家庭教养方式的启示，虽然针对家庭教养方式中所提到的爱的教育、平等教育与独立教育，并不能直接凸显道德思维能力培养的特殊性，但却是道德思维能力培养过程中不可或缺的途径。

当然，道德思维视角下青少年犯罪预防理论在具体实践过程中具有一定的局限性。首先，若不在道德思维视角下解读预防理论，具体策略在形式上并无新意，更不会引起家长和老师的重视；其次，若让青少年自身、家长和教师了解并意识到道德思维能力培养的重要性，需要对家长和教师进行理论培训，接受时间较长；最后，道德思维视角下青少年犯罪预防理论的基础是道德思维教育，国内学界对道德思维教育的探讨还处于浅水区，需要做深入研究。因此，本章内容的探讨，不是在寻求某一种具体预防犯罪的方式方法，而是预防理论的构建。从而帮助青少年自身、家长以及教师掌握道德思维视角下青少年犯罪预防的理念和原则，家长和教师可以在预防理论的基础上，创新道德思维教育实践活动。教育学首先探讨的便是教育的目的和任务，这是教育的逻辑起点，不同的目的和任务导向，会衍生出不同的内容、方法和手段，最终影响受教者的状态。无论狭义的教育还是广义的教育活动，都需要遵循这一范式，故需要明确道德思维教育在各领域的立足点，才能为下一步的预防研究提供支持。

第五章

道德思维视角下青少年犯罪矫正策略

青少年成长理念、家庭教养方式和学校德育可以将预防重点从人际矛盾归结于人自身，但在司法矫正领域，矫正主体双方从简单的人与人，上升为人与国家的层面。这就为矫正策略的实施增加了难度，需考虑政治学、管理学、法学等学科的特定内容。本章基于以上认识，对道德思维视角下恢复性司法、社区服务令、加害人—被害人刑事和解制度进行论述，从而创新青少年犯罪矫正策略。之所以选择这三种司法制度作为道德思维视角下青少年犯罪矫正的载体，源于这三种司法制度能够将道德思维活动的对话、沟通、协商、共情、类己等因素纳入，从而为司法领域的道德思维活动提供平台。

第一节 社区服务令：犯罪青少年社区矫正的首选

一 社区矫正的新发展与恢复性司法的运用

（一）恢复性司法与社区矫正的关系

本书从道德思维视角下对恢复性司法进行探讨，继而谈到社区矫正并非偶然，这缘于社区矫正的改革内容与恢复性司法的某些理念要素相呼应，当然两者最大的契合点，便是道德思维活动本身。但若只从法学视角进行解读，社区矫正在我国被界定为刑罚的补充措施，没有直接的犯罪人、被害人、社区的协商，以及明显修复各种犯罪关系及后果，看似两者没有必然的联系，这也容易局限恢复性司法在国内的运用，并限制社会矫正的功能化。协商、对话、平等、移情、类己等道德思维活动必备因素，是否仅存于恢复性司法中，对现有的青少年社区矫正有什么建设性的意义，这便是本书力求解答并探求的内容。显而易见，社区矫正继承了恢复性司法中的从宽原则，是国际刑罚从严酷走向宽缓的必然选择。刑法社会学派的代表人物李斯特曾说过："尽管并非所有罪犯都能通过矫正成为守法公民，但是使其重新做人的效果是可期待的。"[①] 需要指出的是，我国法学以往的理论与实践中并未有"矫正"一词，"改造"与西方犯罪学的"矫正"并不相同，有较强的政治意味。这里还要提到社会参与，国家逐渐意识到对犯罪人的改造，离不开社会力量的参与，需要将部分权力让渡于社会，这便为社区矫正提供了背景支撑，"矫正"作为一种科学性和技术性较强的词汇放在这里便再合适不过了。我国自2003年起便开展了社区矫正试点工作，下发了《关于开展社区矫正试点工作的通知》，其中对社区矫正的概念和适用范围作了界定。2005年"两院两部"联合发文，将社区矫正的试点扩大到18个省，随后2009年我国开始全面试行社区矫正制度，2012年"两院两部"联合印发了《社区矫正实施办法》，进一步规范社区矫正工作。2014年中国法制出版社出版发行了《社区矫正法（专家意见稿）》，相信在不久的将来，《社区矫正法》能够正式通过并实施。

接下来还需要继续厘清社区矫正与恢复性司法的结合点，本书并不赞成恢复性司法作为社区矫正的理论依据以及社区矫正是恢复性司法的实践尝试等观点，且不说能否经得起法学理论的推敲，在实践层面也无法立脚。正如本书通篇以道德思维为主线来探讨青少年犯罪预防，道德思维作为通篇内容的主旋律毋庸置疑。关于社区矫正与恢复性司法的契合问题，也是在探讨道德思维教育活动在社区矫正与恢复性司法中的运用问题，根本目的是在司法矫正中引入道德思维内容，使矫正内容更符合人类的道德思维活动规律，从本质上改变犯罪人道德思维的路径，根本上解决人性犯罪的根源。在我国目前社区矫正概念和范围确定的前提下，社区矫正的中心发展便是方法的创新，之所以将犯罪人放在社区中进行矫正，一方面考虑到犯罪人不脱离原有生活的环境，另一方面需要

---

① 阮传胜：《我国社区矫正制度：缘起、问题与完善》，《北京行政学院学报》2011年第1期，第98页。

犯罪人通过自己的双手恢复遭到破坏的社会关系。这种恢复虽然与恢复性司法致力于打造的通过协商解决问题不尽相同，但同样需要犯罪人直接面对问题，需要被害人的谅解，更需要社区的参与。现阶段恢复性司法前途存疑的最大问题是，恢复性司法的重要前提是已经建立的强大社区，这正是与中国司法实践产生的最大分歧。随着城乡结构的调整以及流动人口的加剧，我国在新型社区网络还未完善的基础上，还需要面临原有社区功能弱化的现象，而现有的社区矫正体系同样需要坚固的社区功能。因此，社区矫正制度的完善也为恢复性司法的进一步推进奠定了基础。在目前恢复性司法条件尚未成熟的前提下，以犯罪人、被害人协商及其修复效果的程序是否只适用于非监禁型刑罚，社区矫正无法成为恢复性司法的功能分担，继而道德思维视角下青少年社区矫正方式具有其特定的意义和作用。

（二）社区矫正在我国的前景与困境

社区矫正就是依法在社区中对犯罪人实施惩罚和提供帮助，以促进其过守法生活的刑罚执行活动。[①] 在我国，社区矫正作为一种刑罚执行制度，是与本国的经济、社会发展水平、法律传统等息息相关。需要在坚持我国社会主义法治和刑事司法制度基本原则基础上，进而把握社区矫正的属性。我国的社区矫正与监禁矫正一样，同属于刑罚执行活动，根本目的都是矫正犯罪人，预防和减少再犯罪。让犯罪人员处在一个较为开放的环境中，通过专职执法队伍、社会志愿者等各种社会力量，综合运用心理学、教育学、法学等学科知识，最终实现矫正目的。从具体方法来看，教育矫正是我国社区矫正的中心任务，包括思想政治教育、法制教育、时事政治教育等。还创新性地进行分类教育和个别教育，例如对有需要的人进行心理咨询和心理危机干预。可见，我国的社区矫正还未脱离原有监禁矫正犯罪人与国家司法的对立关系，作为矫正活动主体的犯罪人和国家司法仍属于正式刑事司法的范畴。道德思维教育活动丧失了基本平台，矛盾无法转化，正如本书前面讲到的，这也在一定程度限制了社区矫正的功能。

具体实践困境有：一是刑罚理念的缺失。恢复性司法理念蕴含了社

[①] 吴宗宪：《社区矫正比较研究》（上、下卷），中国人民大学出版社2011年版，第4页。

区矫正的诸多精神，从"报应型"到"教育型"，从"关注犯罪"到"关注犯罪人"。但在很多人看来，社区矫正就是判了刑不用进监狱，从心理上很难接受这种刑罚。这归咎于从司法执行部门的工作人员到普通百姓都没有真正了解社区矫正的刑罚理念，社区矫正未真正走进社区。二是法律保障程度的缺乏，这一点会在《社区矫正法》出台后得到改善。三是专业化、职业化的社区矫正队伍尚未形成。一端是急剧增长的社区矫正人员数量，另一端是尚未完善的机构建设和人员配备，这就导致了我国从事社区矫正的专门力量明显不足。例如，江苏省司法所共有执法人员 1400 名，与社区矫正对象比例为 1∶31，远远低于监狱矫正 1∶6 的比例。[①] 此外我国社区矫正还存在社会力量参与不足，本应是社区矫正主要力量的队伍并未得到充分挖掘，以上困境都在一定程度限制了我国社区矫正的发展。

我国的社区矫正制度是借鉴外国先进经验并立足本国实际产生和发展起来的，先天不足再加上引进时间较短，必然存在诸多问题。本书认为，法律、制度、机制的完善需要经过一系列的程序，反复论证最终得到施行。针对我国社区矫正实践中存在的问题，如果仅仅寄希望于制度层面的改革远远不够。从理念构建和方法创新的角度，从而破解我国社区矫正的困境，具有较大的现实意义。虽然社区矫正起源于西方国家，其理念的确立受到多种思潮的影响，但由于西方社区矫正具有天然的民众基础和理论渊源，政府的导向又非常明确，所以较为容易得到普通民众的理解。这一方面需要我国民众接受轻刑罚的思想，并了解恢复性司法的相关内容，逐渐加大对社区矫正制度的理解力；另一方面创新现有社区矫正的方式方法，改变传统以单方面为主体的教育矫正范式，寻求道德思维视角下的矫正方法。当然，这种形式需要社区矫正多方面的配合，例如创造犯罪人与被害人见面的机会，提供平等、协商、对话的平台，鼓励社区人员的参与等。特别针对青少年犯罪矫正活动，不能拘泥于一般意义的教育活动，如何在社区矫正范围内，将矫正效果和功能放大化，是未来我国青少年社区矫正制度的任务。

---

① 刘丽敏：《破解社区矫正的实践困境——国外经验借鉴及中国的体制机制构建》，《河北学刊》2014 年第 2 期，第 141 页。

二 我国青少年社区矫正制度的完善与突破

(一) 我国青少年社区矫正制度的缺陷

虽然目前我国还没有专门的《社区矫正法》以及《未成年社区矫正法》，但在实践操作层面，青少年社区矫正制度的完善与突破已成为司法改革的亮点。虽然社区矫正自身的特点彰显了对青少年的适用范围的扩大，但现有社区矫正制度还缺乏对矫正对象的内在分类机制，青少年社区矫正制度有待进一步完善。姚建龙教授曾经说过："少年刑法绝不仅仅是比照成人从轻、减轻的'小刑法'，而应当具有自己独立的品格。"[①]青少年刑罚，特别是未成年人刑罚量刑的主要特点是尽量避免监禁性刑罚措施，并保护青少年的健康成长，这一点与成年人具有本质区别。具体到社区矫正中，青少年社区矫正应该选择怎样不同于成年人的处遇措施，才能更加符合青少年的身心发展特点并提高矫正效果是摆在学者们面前的重要课题。目前，学界普遍认为青少年适用社区矫正的比例过低，这是因为社区矫正作为我国的一种刑罚种类，决定是否接受社区矫正的不在于主体本身，而在于刑罚量裁。虽然在 2003 年《关于开展社区矫正试点工作的通知》对社区矫正的五类对象做了详细规定，但青少年被假释后进行社区矫正，仍然存在监禁刑交叉感染以及标签化的危险，而且青少年被单独剥夺政治权利的适用极少，或者在青少年患有严重疾病的情况下才能保外就医。可见，未来提高青少年社区矫正的适用率任重而道远。

具体不足还体现在：一是青少年社区矫正制度的不独立化。从社区矫正的历史发展历程来看，最初是在青少年群体中尝试适用社区矫正制度，由于青少年的犯罪特点及身心发展状况，社区矫正成了青少年犯罪矫正的特有方式，随后才被扩大到成年人矫正领域。这就需要将青少年社区矫正的立法形式和内容独立化，当然少年司法的独立也一直是我国司法改革中的重要议题。二是青少年社区矫正项目的个性化问题。在监禁矫正中，我国有专门的未管所，但在社区矫正中则不再区分未成年人和成年人，有些地方为了体现对青少年的体谅和保护，反而缩减了青少

[①] 姚建龙：《少年刑法与刑法变革》，中国人民公安大学出版社 2005 年版，第 23 页。

年矫正的项目，特别是社会公益劳动等。三是对青少年社区矫正的认识不到位。一些社区矫正部门为了过度强调青少年群体的特殊性，不采取上门走访和参加集体教育活动，害怕影响青少年的正常生活。这种因噎废食的工作理念，不利于青少年矫正活动的开展，矫正内容便形同虚设。四是青少年社区矫正制度保障不足，特别是经费保障问题。如要建立一套针对青少年群体的社区矫正方案和内容，经费是无法回避的问题。特别是我国的地区经济发展不均衡，有些贫困地区连基本的工资问题都难以解决，谈何进行专项经费的支出。

总之，我国青少年社区矫正制度还存在较多的问题，在整体社区矫正工作步入正轨之前，关于青少年社区矫正工作的诸多要求便会显得力不从心。无论是立法还是实践都需要很长一段时间推进，但是我国青少年犯罪问题仍旧严峻，除了上述提出的建立专门青少年社区矫正法律体系、扩大犯罪青少年社区矫正的适用范围、加强青少年犯罪社区矫正工作队伍的建设、建立适合犯罪青少年的社区矫正项目、保障青少年犯罪社区矫正的经费投入、建立青少年犯罪社区矫正的监督机制等措施外，当下学界还能为他们做些什么。在当下已经开展的社会矫正工作中，从理念到具体方法，都需要进行创新和发展，紧跟国际青少年社区矫正趋势，并体现我国青少年犯罪社区矫正的特殊性。

（二）我国青少年社区矫正制度的突破

相比我国青少年社区矫正制度的困境，美国的青少年社区矫正制度已经较为完善，值得我们借鉴和吸收。美国的社区矫正对象是非暴力的罪犯、初犯、未成年犯和55岁以上的罪犯，美国之所以极力赞成开展社区矫正活动，与监狱矫正庞大的经费开支分不开。从具体项目来看，美国青少年社区矫正的常见方式有转处、假释、家中监禁、中途之家、工作释放、归假制度、社区服务等。其中转处制度尤其适用于青少年，特别是未成年人，得到了国际社会的广泛关注。转处方案的具体措施有：儿童辅导中心、庇护之家、自愿警察辅导、青少年治疗中心、团体治疗项目等，为了保障转处方案的实施，还专门设立了青少年服务局等机构，负责矫正青少年的不良行为。中途之家是为犯罪青少年提供矫正项目，帮助他们寻找工作，避免重复犯罪。工作释放和教育释放是让刑期即满的犯罪青少年到监狱外从事某种工作或到学校里面学习，增强其适应社会的能力。归假制度也称为探家，只对那些危险性较低，且有良好守法记录的犯罪青少年适用。可见，美国青少年社区矫正项目内容较为全面，特别是个案管理在美国已经得到普遍实行，虽然我国在社区矫正试点工作中针对犯罪青少年，也采取了个案管理模式，但效果却并不理想。个案管理的方式主要通过定期的思想汇报和谈话活动，流于形式。可见，如果盲目学习美国青少年社区矫正的内容和形式，效果可能并不理想。

未来青少年社区矫正需要考虑以下几个问题：一是恢复性赔偿被排除在社区矫正范围外，犯罪青少年接受抽象的刑罚责任，可以不考虑具体的与犯罪行为息息相关的责任，如对被害人进行赔偿、谅解和宽恕的责任。在社区矫正过程中，完全围绕着社区矫正人员展开，未脱离报应性司法的范畴。而道德思维的平等、对话和协商，将犯罪根源置于道德和人际矛盾的解决途径则遥遥无期。试想接受惩罚后的青少年，若从再次犯罪的角度，也仅仅是忌惮司法的权威，其与被害人之间的道德矛盾关系仍然未得到改善，犯罪人的道德思维水平也未得到提升，无法从根本上矫正青少年犯罪问题。二是国外社区矫正不仅接收犯罪青少年，还将一般违法和不良行为青少年也纳入社区矫正中来，这在一定程度有利于早期犯罪预防，而我国社区矫正则限制了青少年社区矫正的功能发挥。因此，道德思维视角下的青少年社区矫正无论是从人员构成，还是从内容上都极其受制。三是考虑到被害人的安全，社区矫正部门的工作人员又没有为犯罪青少年与被害人建立协商的平台，启用道德思维教育方式进行矫正不具备相应的要素，唯一可以突破的地方便是针对青少年社区矫正的方法，即社区服务令的适用。

道德思维视角下犯罪青少年社区矫正，更加关注犯罪青少年内心的成长，与被害人及社区关系的修复，即恢复性司法理念在社区矫正的运用和发展。如果说社区矫正只是作为监禁矫正的刑罚执行活动的补充，在项目和内容上并无差异，唯一的区别便是地域不同，那么便不符合社区矫正的基本理念。这种不关注实质的表面形式模仿，对青少年犯罪的矫正并无益处。法学专家更关注法律系统的完善和相关法律问题的解决，道德思维始终关注个体"我"的发展，如何让人际矛盾得到化解，让"我"得到解脱。无论在什么领域，什么制度范围内，只要有利于犯罪青少年道德思维的发展，能够帮助形成自我矫正机制，便值得研究和探讨。

三 社区服务令在我国青少年犯罪中的适用

(一) 社区服务令在我国的运用与转向

2001年石家庄市长安区检察院在实践层面发出的我国第一个社区服务令，其实质是检察院对符合不起诉条件的一种附条件不起诉。而真正意义上的社区服务令起源于1972年英国的《刑事司法条例》，要求17岁以上的青少年需要在缓刑官的监督下完成40—240小时的工作。我国也将这种社区服务令称为"公益性劳动"，相比国外较为完善的社区服务制度，国内将其定位为社区矫正的一种刑罚措施，即社区矫正下的社区服务令，针对被判处管制、缓刑、暂予监外执行、剥夺政治权利的犯罪人，伴随着社区矫正的施行而执行。可见，社区服务令从理论到实践已具备一定的法律依据，我国也具备实施社区服务令的条件和环境。社区服务令将犯罪人放在社区而不是监禁环境中进行惩罚，一方面达到报应性司法的目的，另一方面发挥犯罪的补偿和犯罪人的忏悔功能。青少年在社区服务中，可以帮助其养成参与社会劳动的良好习惯，体会到帮助他人的自我认同感和修复社区关系的成就感，并在逐渐建立的自信心中重新回归社区生活，在正常的社交环境中进行道德思维能力的培养。

关于社区服务令的目的，虽然理论上还未达成一致，基本观点是预防犯罪，而不是惩罚本身。学者们认为，只要社区服务令能达到预防再犯罪的目的，那么这种刑罚措施便应该被认可。值得指出的是，社区服务令并不存在于我国刑法总则的刑罚体系中，但完全符合我国刑法的基本原则。特别在未成年犯矫正活动中效果显著，一方面使犯罪未成年人接受惩罚；另一方面进行教育矫正，符合刑法惩罚与教育相结合的原则。目前，社区服务令得到了国际社会的积极推广，已经在西方很多国家，以及中国香港、台湾地区普遍实行。在我国青少年社区制度尚不完善的基础上，针对社区矫正的具体措施更要去探索和创新，体现了司法的文明与进步。从世界范围来看，社区服务令最广泛的适用人群便是青少年，数量远远多于成年犯罪人。我国正值社区矫正制度的关键推行期，是完善社区服务令的最佳时机，但由于社区服务令从理念到实践都来源于西方国家，我国民众正确理解和接受还需要一定的时间，甚至将其解读为简单的劳动惩罚。这在一定程度上不利于社区服务令的价值功能体现，更无益于青少年犯罪矫正活动。

因此，社区服务令在我国的运用仍需要转向。谈到社区服务令，便需要先了解公益劳动。关于公益劳动，从字面上很难得到准确的含义，国内外也未达成一致定义。一般而言，公益性至少包括两个特征，一是奉献社会，二是自愿不获取报酬。这样一种做好事的方式很难与社区服刑人员的惩罚联系在一起，故导致社区服务令的地位不明确，效果也不明显。一些学者鉴于上述认识，便建议要增加公益劳动的痛苦性，体现强制性。争论围绕着劳动本身展开，而关于社区服务令之于青少年内在的道德发展却并不关注。如果社区服务令仅仅是让青少年在劳动中接受惩罚，养成良好的劳动习惯，那便与我国长时间实行的劳教制度并无差异。在社区服务令活动中，犯罪青少年与社区的矛盾关系该如何化解，怎样将犯罪青少年与社区的矛盾关系转化为人与人之间的矛盾关系，最终内化为犯罪青少年自身的矛盾，真正促进犯罪青少年的道德思维发展，实现青少年犯罪矫正的任务。这也正是本书致力于探讨的问题，在不违背原有司法制度预防矫正犯罪目的的基础上，创新理念和措施，真正实现社区服务令在我国的转向。

（二）社区服务令对青少年犯罪矫正的适用

前面谈到社区服务令在国外多适用于青少年，特别是犯罪未成年人，这对于我国未来进行青少年犯罪矫正工作具有重要意义。一些青少年犯罪行为的主观恶意较小，情节较轻，在经历犯罪后必然被打上诸多标签，从此背负沉重的心理负担。待犯罪青少年返回自己的生活圈，由于之前的矛盾冲突并未得到解决，容易得到周边人的疏远和歧视。很多家长被迫离开原有的生活圈，带着孩子选择全新的环境，但是环境容易改变，犯罪青少年的内心痛苦是否也会随着外部环境变化而消失得无影无踪。如果说犯罪青少年回归到原有的生活环境，不为解决人际矛盾和道德冲突，那么这种回归方式便只是形式层面的作秀。特别在被害人同样生活的社区范围内，犯罪青少年进行社区服务，会引起被害人的反感和恐慌。本书一再强调，所有的制度体制构建，最终的落脚点还是人本身，需要考虑人性的特点。试想司法工作人员在设计罪犯矫正方案时，面对的一方是矫正者，另一方是被矫正者，矫正主体双方的矛盾关系是否也会直接影响到矫正效果的实施。可见，在矫正过程中，矛盾关系和道德冲突越多，越不利于矫正活动的开展。

　　社区服务令比恢复性司法本身能够更好地开展道德思维教育活动，平等、协商和对话，这些道德思维的基本实现因素，看似进行简单的面对面交流，便能进行移情，将矛盾转化。但是有一点需要考虑，犯罪人真的能够体会到被害人及社区人员的好恶取舍吗？相对应，被害人在矛盾未化解之前，会自愿进行好恶取舍的比较吗？虽然在恢复性司法中，本书强调道德思维教育活动需要在双方平等、自愿的前提下进行。那么针对那些不愿意进行协商对话的犯罪主体双方又该怎样进行道德思维活动，在协商的平台搭建之前，是否还需要建立理解的平台。通过社区服务令，犯罪青少年可以亲眼看到自己的行为对被害人和社区造成的伤害，感受到人们向往平静生活的愿望。被害人和社区人员可以通过观察犯罪青少年的社区服务行为，判断其改过自新的程度。用眼睛去看、用耳朵去听、用心去感受，而不是协商中的语言争辩，这对于道德思维教育活动的开展至关重要。因此，社区矫正工作人员不用刻意让犯罪青少年回避自己的生活环境，让他们直面问题并解决问题，真正有助于矫正工作。当然，这一理念和措施，需要首先得到社区矫正工作人员的认可和协助，避免社区矫正工作人员因为安全和监管的压力，不愿推行这个项目。

　　未来社区服务令在我国青少年犯罪中的适用，还需面临以下问题：一是犯罪青少年在执行社区服务令期间，之前的犯罪行为涉及自己，或者在社区服务令期间又获新罪的情况，应该撤销其社区服务令；二是犯罪青少年拒不履行社区服务令的有关内容，态度不诚恳，行为不积极也应该撤销其社区服务令；三是有必要根据犯罪青少年的犯罪行为类型和身心特点有针对性地执行社区服务令，同样是公益劳动，不同内容和性质会对犯罪青少年产生不同的影响效果，使社区服务令的功能最大化；四是要深刻理解社区服务令的内涵和意义，劳动本身并不是目的，如何通过社区服务提高犯罪青少年处理道德困境和人际矛盾的能力才是本质要求；五是要创新社区服务令的内容，不但考虑到宽刑原则，更要体现恢复、赔偿需要和回归社会参与的需要。例如，社区服务令的工作种类可以有园林服务、环境维护、图书馆服务、司法执勤服务、养老或残疾人机构服务等，对于一些悔罪情况良好，还可以考虑直接对被害人及家人进行赔偿服务。而社区服务令的场所大体包括需要帮助人群的区域、社会福利机构、公共设施场所、乡村农场、自然灾害恢复现场等。总之，社区服务令能够有效帮助青少年恢复已断裂的社会关系，使其找到社会人的恰当位置，用更为积极、健康的方式来处理道德困境和人际矛盾，这也是道德思维致力于达到的目标。

第二节　打通忏悔渠道：创新加害人—被害人刑事和解制度

一　道德思维视角下犯罪矫正需要忏悔和宽恕

（一）忏悔之于青少年犯罪矫正的积极意义

道德思维要求人们从过去的牢笼中解脱出来，这个过程需要加害人的忏悔和被害人的宽恕。包裹着恐惧、愤怒、痛苦和报复的心情，人们需要坚强地去面对痛苦，面对自己复杂的人性，坚强地去宽恕和原谅。也许有人会说，怎么可以要求普通人达到圣人才有的境界，但是道德思维可以让人们具有跨过悲伤、触碰神圣的能力。道德思维告诉人们可以通过分享悲伤和痛苦，来建立人际间的一种联结和纽带，继而将"我"与"他"之间的隔阂消除，使原本势如水火的双方真诚相待，在这个同情怜悯的时刻，一切困扰便随之消散。自古以来，救赎与忏悔一直是人类永恒的话题，源于宗教仪式，西方《圣经》中的原罪和救赎便是忏悔的范本，成为基督教宗教生活的重要组成部分。但宗教忏悔的对象是上帝和神灵，不是道德思维活动中与"我"平等的"他"，这便在一定程度上限制了忏悔的功能意义。相比西方的宗教忏悔，我国却严重缺乏忏悔教育，这一点可以从古往今来的文学作品中看出，虽然在我国佛教、道教以及儒家经典中都不乏忏悔的印记，其最终指向不外乎人的善恶双重性，最大限度地帮助人们弃恶扬善，其功能体现在人们生活的方方面面。

人们可以向上帝和神灵忏悔，向统治者忏悔，向强者忏悔，却唯独难以放下身段向自己的同伴、甚至比自己弱小、认为不同于自己的人忏悔。本书从道德思维视角下对青少年司法矫正策略进行探索，俨然不是在进行法理学的探讨，抑或进行纯司法实践的研究。任何领域和部门，只要涉及人与人性，涉及人的道德活动，便不能就行为本身作出判断，无论从哪一个学科进行研究，最终的落脚点一定是人自身。但从道德思维视角对司法矫正领域进行探讨，也只是在既有司法制度下的一种方法和理念的呼唤，工作和研究具有一定的专业性，但全社会对青少年犯罪预防的关注却没有界限，更何况青少年犯罪的矫正研究，需要整合全社会的力量，从综合学科的角度进行探索，这也是未来本领域研究的方向。或许有人会质疑本书提倡的道德思维视角下的协商、宽恕和忏悔是对犯罪的纵容或辩解，持这种观点的人还是坚持报应性司法本身的，并未跳出犯罪行为，将归宿放在人性解脱阶段。那么持这种观点的人也是牢笼内的执着者，相信矫正，却又不敢相信矫正，是否说明人们根本不相信自己。对犯罪本身的研究，就像在研究人们自身，若研究者还处在犯罪群体外部指手画脚，就不会了解犯罪真实的奥秘，这一研究过程如同研究者同犯罪者之间的道德思维活动，均需触碰心灵。

（二）忏悔与加害人—被害人刑事和解制度

1. 忏悔对加害人矫正功能的意义

忏悔是一个人内心对自己所犯罪行的一种悔悟与反思，青少年的犯罪行为大多是在自己极不理智、缺乏对自身行为及犯罪后果预见性的情况下造成对被害人的伤害。在加害行为发生之后，随着家庭、学校、社会甚至是司法机关的介入，青少年在还未能对自身的行为进行反思和悔悟的情况下就已经被打上了犯罪人的标签。很多问题青少年在这样一个突如其来的角色转换过程中不仅不能意识到自身行为的错误性和严重性，反而会对司法机关的介入抱有仇视和敌对的情绪，甚至会产生报复社会、仇视社会的举动，而造成这一问题的原因很大一部分在于缺乏有效的忏悔机制。忏悔是一种道德稳定的内在机制，它与基督教所倡导的原罪的忏悔并不相同。原罪说的忏悔根本目的在于赎罪，而本书所探求的忏悔不仅在于赎罪，更是在道德思维视角下对自己灵魂的内省。正如古希腊伟大的唯物主义哲学家德谟克利特所言："对可耻行为的追悔是对生命的拯救。"只有一个人真正认识到自己以往行为的错误性的时候才可能改正以往的谬误并追求正确的人生观和价值观。因此我们需要完善忏悔机制，使犯罪人明晰自己的错误行为对被害人个体、被害人家庭以及社会所造成的损害，通过共情与角色互换使犯罪人感知被害人的痛苦。这一过程的目的不是在道德层面实现对犯罪人的心灵惩罚，而在于唤起其内在的良知与道德意识。使犯罪人从内心渴望被原谅与渴求改变。这一过程不仅是对良知与道德的重新塑造，也是回归社会与平复内心的重要途径。

2. 忏悔对被害人援助功能的实现

近些年来，随着法学界对刑事被害人救助机制研究的不断深入，通过对刑事被害人国家救助或补偿问题的讨论，比较一致的观点是，对特困刑事被害人应当给予国家救助，提倡社会救助，并构建相关法律制度体系或者救助机制。但是无论从制度层面还是从社会层面，对被害人的救助和救济仍然是从经济上给予被害人补偿。针对这种局面，人们不禁会问：社会该用什么样的方式对被害人及其家人的心灵和内心给予补偿与援助呢？本书认为，向被害人忏悔将是刑事和解制度的有益尝试。在很多刑事案件中，经常会听到被害人及被害人家属反复提及的一句话：犯罪人欠我们一个道歉！一次忏悔！一句道歉或许是刑事和解成本最低也最容易实现的一个环节。但是就是这样简单的一个环节，却常常被人们忽略，更忽略了被害人对这样一次忏悔与道歉的渴求与期待。世界上著名的忏悔与道歉的例子，莫过于20世纪70年代联邦德国总理维利·勃兰特在对波兰进行国事访问期间在华沙犹太人死难者纪念碑下做出的忏悔一事。当时，维利·勃兰特在向犹太人死难者纪念碑敬献花圈时突然双膝下跪并发出祷告："上帝饶恕我们吧，愿苦难的灵魂得到安宁！"勃兰特这一超出外交礼仪范畴的举动，使在场的世界各国外交官和记者无不动容。甚至很多的波兰当地的示威群众在看到勃兰特的这一举动后，也慢慢平息了之前激烈的情绪，接受了忏悔。一次忏悔、一句道歉，在给予被害人尊严和尊重的同时，也使犯罪人的内心得到了救赎和平静。因此，一个科学合理的被害人救助机制不应缺少犯罪人的忏悔，只有实现了对被害人心理和生活的双重救助，才能帮助被害人更好地从阴影中走出，开始新的生活。

3. 忏悔对主体间人际矛盾的化解

2014年，曾引起社会广泛关注的北京延庆杀友案以被告人被判处死刑、缓期两年执行而告一段落。离庭前，被告面向被害人家属跪倒在地，向被害人父亲及家属道歉。此案的起因是朋友之间在喝酒过程中言语不和产生了矛盾，被告借着酒劲将两位好友扎死。被害人父亲原谅了被告的行为，并忍着丧子之痛为被告求情，请求法院不要判处被告死刑。案发时，被告只有23岁，作为醉酒后激情犯罪的典型案件，最终获得了被害人家人的原谅，折射出被告人及被害人家属曲折而又痛苦的思想斗争。对这一问题的广泛关注，传递出社会对忏悔与谅解的渴望，以及对通过忏悔来改进法律体制及化解加害人—被害人之间矛盾的诉求。尽管目前加害人公开向被害人及其家属忏悔道歉的案例还不是很多，而且在很多情况下，被害人家属并不接受这种忏悔和道歉，但这种忏悔行为的存在，令中国法治建设和审判机制进入到新的道德高度。而通过忏悔以矫正犯罪人的灵魂，也令原本属于悲剧的事件可能转入更合人性的轨道，并通过忏悔以实现被犯罪主体双方内心的平复和心灵的救赎。

二 刑事和解在我国的兴起与创新

（一）刑事和解兴起的积极意义

传统的刑事诉讼程序是为了追诉犯罪，维护国家和公共利益而设置，无论是加害人还是被害人都被排除在这个程序之外，无法决定诉讼的结果。这个问题在恢复性司法中进行过论述，但国家逐渐让渡权力给社会关系，寻求更多人参与到司法矫正已是不争的事实。在具体的司法实践中，越来越多的当事人，愿意通过协商、和解的方式来处理刑事案件。一些被害人希望得到赔偿、修复胜过惩罚，相对应加害人也愿意通过和解得到宽恕，进行忏悔，并减轻刑罚。刑事和解在司法实践中具有天然的土壤，当然刑事和解的用语是中国式用语，在西方被称为加害人—被害人和解制度。刑事和解在一定程度上弥补了忽视当事人意愿的缺陷，从以人为本的角度来解决刑事纠纷，这与道德思维教育的初衷具有一定契合度。刑事和解将对抗性的关系双方拉回到协商的平台，是对恢复性司法的运用和创新，当然刑事和解不能挑战国家司法的权威，在有罪与否的问题上要达成一致认可，这也是刑事和解的基本前提。值得提出的是，刑事和解和调解在本质上是不同的，虽然只有一字之差，但和解基本可以涵盖调解的内容，不同于调解中的中间人作用，将重心放在加害人与被害人两个人身上。

近年来，越来越多的公检法机关将这种制度运用于轻微刑事案件、不起诉或撤销等放弃刑事追究的案件。最初较多运用在轻伤害案件中，随着我国对恢复性司法理念的接受，刑事和解逐渐扩展到未成年人案件、过失犯罪等情况，特别是未成年人案件的适用较为频繁，并取得了积极的效果。目前国内的刑事和解可以分为三种模式，一是加害人—被害人自行和解方式，这里面有一个问题，司法人员能否参与和解并发挥一定的作用，这种情况下检察机关并不是完全不参与，只是在最后的和解协议上不签字，以显示和解双方意愿。二是司法调解模式，需要司法工作人员对加害人、被害人双方进行沟通、教育和劝解，不同于加害人—被害人自行和解方式，司法工作人员会积极主动地参与到和解程序中去，国内较为典型案例当属烟台市检察院推行的"平和司法程序"。三是人民调解委员会调解模式，这种模式需要专业工作人员来推行，属于一种社会中介机构，帮助加害人与被害人双方就一些问题达成共识。虽然刑事和解制度从产生之初便受到人们的质疑，担心成为犯罪人逃避法律责任的借口，但未来刑事和解的适用范围将进一步扩大，其积极意义也从单纯的达成和解，加深为消除犯罪对社会的不良影响，使犯罪所引发的一系列波澜归于平静。

（二）刑事和解制度在我国的本土化创新

和解制度在我国的历史上产生甚早，从春秋战国时期的青铜器铭文及反映战国末期秦国基本法律原貌的《睡虎地秦墓竹简》中都体现出这一原则在民事纠纷、财产纠纷的解决中被普遍适用，以救助被害人为目的并在救助的基础上减轻加害人处罚的保辜制度，也成为这一时期刑事和解制度和司法救助的典型代表。西汉中后期随着法律儒家化进程的加快，儒家思想中"礼之用，和为贵"的思想对我国封建时代的司法制度产生了深远影响。尤其是孔子所倡导的"听讼，吾犹人也，必也使无讼乎"的以"止讼"为目的的司法原则和司法实践，更是极大促进了汉代以降司法调解制度的制度化和程序化。汉代以郡、县为国家司法权力实施的重心，但在以乡、里为单位的基层行政中，那些年老且能率众为善的三老、啬夫、游徼，却能依靠其威望在调节法律纠纷中发挥巨大的作用。这一制度延续到了清代还依然在发挥着重要作用，从清人遗留下来的文稿和笔记中，我们可以发现很多的法律纠纷都由里正和村正以及家族族长裁决。而作为现代法学意义上的刑事和解制度则起源于20世纪中期的欧洲，1941年德国犯罪学家汉斯·冯·亨蒂希在其代表作《论作案者与受害者之间的相互影响》对刑事和解制度进行了论述，而真正奠定现代刑事和解制度理论基础的则是美国犯罪学家约翰·R.哥姆，他在

《刑事和解计划：一个实践和理论构架的考察》一文中着重论述了意在为加害人和当事人搭建一个对话和解的平台，并寻求加害行为发生后使各方利益损失达到最低化的平衡点。通过这种对话方式使加害人获得悔过自新的机会；对于被害人可以愈合其心灵创伤，并得到相应的补偿；对于社会而言，帮助当事人之间实现相互包容并减少敌对情绪，有利于消解社会的不稳定因素。

自21世纪初以来，我国司法机关积极借鉴国外的刑事和解经验并对探索刑事和解制度的本土化进行了不懈的努力，特别是2012年3月由第十一届全国人大五次会议通过的全国人民代表大会《关于修改〈中华人民共和国刑事诉讼法〉的决定》更是将我国的刑事和解制度推向了新的高度。在此之前，我国长期以来施行的刑事诉讼法仅对自诉案件的和解作了相关规定。有利于化解当事人之间的矛盾纠纷，促进社会主义和谐社会的发展。此次刑事诉讼法修正案扩大了和解程序的适用范围并将部分公诉案件纳入和解程序。修正案规定，公诉案件适用和解程序的范围为因民间纠纷引起，涉嫌刑法分则第四章、第五章规定的犯罪案件，可能判处三年有期徒刑以下刑罚的，以及除渎职犯罪以外的可能判处七年有期徒刑以下刑罚的过失犯罪案件。但是，犯罪嫌疑人、被告人在五年以内曾经故意犯罪的，不适用这一程序。并规定对于当事人之间达成和解协议的案件，可以依法对被告人从宽处罚。

中共十六大和十六届三中全会、四中全会，从全面建设小康社会、开创中国特色社会主义事业新局面的全局出发，明确提出构建社会主义和谐社会的战略任务。当前我国处于经济社会发展重要战略机遇期和社会矛盾凸显期，保持经济平稳较快发展、维护社会和谐稳定的任务依然十分繁重。刑事和解制度作为一个在刑事诉讼中新型的刑事纠纷解决处理机制，它符合我国当前的宽严相济刑事政策的要求，有利于司法资源的节约，对于积极快速地解决社会纠纷，妥善处理社会矛盾，最终维持社会的稳定有着非常重要的意义。

三　对刑事和解制度的误解与澄清

（一）我国刑事和解制度认识误区

同恢复性司法、社区矫正之于司法体系，刑事和解属于整体性，而非平行性的司法举措。这一点与西方正式司法程序平行的特点不尽相同，西方的恢复性司法、加害人—被害人和解制度从产生之日起，便是对正式司法的质疑、颠覆和解构。故本书从道德思维的视角提倡刑事和解制度的创新，不是站在与正式司法对抗的位置，而是对正式司法的补充和展望，这就要求不能简单地对西方刑事和解模式进行移植，需要在道德思维理念下创新中国式的刑事和解模式。另外还有一点需要澄清，我国刑事和解属于民事赔偿责任的和解，而非刑事责任的和解。这一点前面已经提到，而西方刑事和解不但有经济赔偿和解，还有刑事和解的内容。三是不同于恢复性司法，刑事和解强调的是加害人—被害人双方矛盾的和解，而非整个社会关系的恢复，这也是本书分别从恢复性司法、社区服务令以及刑事和解制度三方面来论述道德思维视角下青少年犯罪司法矫正，三者侧重不同的方面，具有不可替代性。但本书也不同意一些学者将刑事和解作为恢复性司法的本土化探索，抑或将刑事和解作为恢复性司法理念的具体化，其实质是我国刑事和解制度的自我完善，并遭遇恢复性理念影响的产物。因此，从法理学角度无法将以上内容进行联结，却不妨碍道德思维理论视角的联系。

近些年来，由于刑事和解影响到司法公信力，破坏了刑事诉讼应有的秩序，使刑事诉讼陷入难以预测的状态，因此国内关于刑事和解的价值性还存在较大的争论。刑事和解从一开始针对轻伤害案件的适用，随着恢复性司法理念的接受，其范围逐渐扩大。一些学者甚至将刑事和解作为我国建设社会主义和谐社会的重要举措，刑事和解的价值不言而喻，具有促进社会和谐、解决疑难案件和提高诉讼效率的价值。还有一些学者完全持否定观点：首先，社会和谐更加需要司法公信力，刑事和解与社会和谐背道而驰，这种公权私化的现象，会导致公诉权主体和审判权主体的不作为；其次，刑事和解违背了刑法罪责刑相适应的基本原则，将一些本应该接受刑罚的案件给予免刑事处罚，对一些本应该判处监禁型的案件作了非监禁型处理，这样一来，会让一些同等情况的案件觉得有失公平；最后，刑事和解容易滋生司法腐败，一些检察机关工作人员不愿意主动介入刑事和解程序，避免造成帮助有偏袒的嫌疑，有时不在于刑事和解到底能否滋生腐败，而是公众对这一程序的信任度。因此，要想真正实现社会和谐，不仅要关注犯罪人与被害人之间的矛盾是否解决，还要了解公众对这一制度的接受程度，只有让我国司法公信力逐渐强化，司法制度的构建和实施才能得到坚实的群众基础。与提倡刑事和解促进社会和谐一样，刑事和解有助于提高刑事诉讼效率也是一个值得澄清的问题。效率本身不能作为诉讼程序的基本价值，难道是因为提高效率才实行刑事和解，这显然无法成立。因为人类社会的刑事诉讼制度是由高诉讼效率向低诉讼效率发展的，保证刑事诉讼程度的正当性比效率更重要。

针对刑事和解的认识误区，学界有因噎废食之嫌，任何制度的推进与创新都需要在实践过程中完善和发展，在实践之前就解决完所有的困难和问题是不切实际的。更何况在整体司法制度需要改进的前提下，看似属于刑事和解的问题，实则是我国司法弊病的体现。其中最为重要的是提高司法的公信力，学者们之所以害怕刑事和解对我国司法产生不良的影响，源于我国司法的公信力本身较弱，不是刑事和解制度本身造成的。无论是恢复性司法、社区服务令还是刑事和解制度，都不是我国本土化的产物，其引进、接受、创新和实践过程需要不断地调整，以保证符合我国国情，并将自身功能最大化。刑事和解的价值和意义，以及在我国司法实践中所取得的成果是毋庸置疑的。正如本书在前面一直强调的，从道德思维视角探讨青少年犯罪的司法矫正策略，其出发点和落脚点都是基于"人"，是对人性的探讨和救赎，在不违背现有司法原则和制度的大背景下，只要有利于青少年犯罪行为矫正，就值得学界进行探讨和尝试。

（二）我国青少年刑事和解之转型

我国青少年刑事和解处于国家与民间的中间地带，依赖于刑事案件的双方和国家之间的合作，既体现了国家让渡权力给社会关系的现实，也属于国家公权与私人权利关系的互动。在青少年刑事和解制度中，需要合理配置参与三方的各种权利，做到既尊重犯罪当事人双方的意愿，又确保国家对刑事和解程序的有效监管，消解社会大众对青少年刑事和解的担忧和顾虑。第一，从司法层面，需要增加有效的保障机制，防止各种不良社会因素侵入到刑事程序中去，还要保障被害人的基本权益，使其在自愿、公平的环境中参与刑事和解。还有一点值得关注，目前我国刑事和解多用于一些自诉案件，未来还需要积极开展公诉案件的刑事和解活动。

当务之急，司法界要统一刑事和解的理念，从理论到实务给予整体指导。首先，要厘清刑事和解各利益主体的关系，不同的关系理念造就不同的刑事和解模式；其次，在关系明确基础上，合理配置各关系主体的权力；最后，将各关系主体的权力进行制度化界定，清晰权力的空间范围。第二，从理念层面，要转变之前仅有的法理学参考，从司法理念向人的发展理念转变。制度的最终设计是作用于人，制度的好坏也要靠人来评价，学界在关注刑事和解制度的优劣和创新时，需要将关注点放置在人本身。从怎样的刑事和解有利于人的发展，有利于犯罪行为的矫正、有利于降低再犯罪、有利于提高人的道德品质和修养等角度去完善刑事和解制度，真正做到以人为本。第三，从方法层面，刑事和解制度的主要任务便是和解，但如何和解最有效、最能保护被害人的权益、最能促进青少年犯罪行为的矫正、最能体现我国司法的公信力，这些还未解决的问题都指向方法论。如同谈判需要技巧，和解活动也需要方法。如果不了解道德思维活动的基本规律和运行机制，也就不能掌握和解的方式方法。

　　道德思维活动的出发点是解决人际矛盾和道德冲突，致力于通过人际矛盾的转化使个体的道德思维得到发展，道德修养得到提升。可见，如何在道德思维培养过程中，让"我"有所得才是道德思维活动的最终目的。相比道德思维活动，刑事和解的目的和任务便过于功利化，更关注外部环境的需要。或许由于某些原因，和解目的没有达成，但这并不是说和解制度是无效的，只要通过刑事和解，犯罪主体双方的道德思维活动顺利进行，便会得到道德思维水平的提升。具体来讲，道德思维活动是为了理解，而不是针对和解。理解是和解的基础，和解是理解的结果，道德思维使得犯罪主体双方通过类我和内我的方式，去理解对方的好恶取舍。可以说，只要犯罪主体双方愿意去理解，其本质也属于和解的一部分，虽可能未达成事实层面的和解协议，却在主体内心种下了理解的种子，属于隐形的成果。总之，青少年刑事和解作为一种矛盾解决方式，既符合我国以和为贵的传统文化理念，又属于国际刑事司法的未来趋势，还是我国构建社会主义和谐社会的具体体现，必然会得到不断发展和完善，具有较大的理论和现实意义。

小　结

本章道德思维视角下青少年犯罪矫正策略研究，致力于将传统司法中犯罪人与国家之间的对抗关系转化为人际间的社会关系，寻求公权与私权的互动关系。将犯罪人、被害人和其他社会关系都作为解决犯罪问题的核心要素，在处理方式上更为柔和，寻找刑罚之外更有效的青少年犯罪矫正策略。这种将犯罪问题从国家层面的强权与打压，回归到人与人之间的道德困境和矛盾冲突解决的路径，为"我"与"他"、"我们"与"他们"的道德思维活动打下基础，体现了人本主义精神。其中社区服务令和刑事和解制度是道德思维活动在司法领域的最佳体现，为道德思维教育实践活动的开展提供了天然的土壤，道德思维这种理念和方法若放置在传统司法制度下很难得到认可和推行，这也是道德思维视角下青少年犯罪矫正策略研究的局限性。

虽然这种用解决民事纠纷的方式来处理刑事案件，将国家排除出刑事案件处理的主体地位，整个过程需要更加完善的司法制度，但道德思维视角下青少年犯罪矫正却更加关注主体道德思维的发展，即"我"所得，对话、沟通、协商、共情、忏悔等道德思维活动的关键词，可以恰如其分地运用在司法矫正实践中。这种道德思维理论的运用，使学界更加关注法律发展的深层次问题，即法律与人的问题，"人"才是最终的落脚点。无论是恢复性司法、社区服务令、刑事和解都只是为道德思维活动提供了对话、协商的平台，转而将功利化的司法目的转化为人的道德思维能力培养与人际矛盾的化解，需要采用道德思维理论的相关内容，这不是司法程序本身能够做到的。总之，道德思维视角下青少年犯罪的矫正改变了以往犯罪人仅仅面对国家司法悔过的现实，使犯罪青少年从道德认知、道德情感到道德行为连贯性发展。帮助犯罪主体从过去的牢笼中解脱出来，坚强地去面对痛苦，面对自己复杂的人性，坚强地去宽恕和原谅，跨过悲伤、触碰神圣。这对于犯罪青少年自身，以及青少年犯罪矫正活动意义重大。

参考文献

一 中文专著、译著：

曹漫之主编：《中国青少年犯罪学》，群众出版社1988年版。

但未丽：《社区矫正：立法理论与制度构建》，中国人民公安大学出版社2008年版。

高莹主编：《矫正教育学》，教育科学出版社2006年版。

黄富峰：《道德思维论》，中国社会科学出版社2003年版。

林建成：《曼海姆的知识社会学》，河南人民出版社2011年版。

金强：《法学热点问题研究》，巴蜀书社2007年版。

康树华主编：《预防未成年人犯罪与法制教育全书》（中卷），西苑出版社1999年版。

孔庆荣主编：《法律逻辑学基础》，中国法制出版社2007年版。

李明琪主编：《犯罪学理论与实务教程》，对外经济贸易大学出版社2012年版。

《马克思恩格斯选集》，人民出版社1972年版。

任继愈：《老子绎读》，商务印书馆2009年版。

孙通海：《庄子译注》，中华书局2007年版。

唐凯麟：《伦理大思路》，湖南人民出版社2001年版。

檀传宝：《德育原理》，北京师范大学出版社2010年版。

王雁主编：《普通心理学》，人民教育出版社2002年版。

吴宗宪：《社区矫正比较研究（上、下卷）》，中国人民大学出版社2011年版。

杨伯峻：《论语译注》，中华书局1990年版，第48页。

姚建龙：《少年刑法与刑法变革》，中国人民公安大学出版社2005年版。

雍自元：《青少年犯罪研究》，安徽人民出版社2006年版。

姚建龙主编：《中国青少年犯罪研究综述》，中国检察出版社2009年版。

朱洪德主编：《世界各国少年犯罪与司法制度概览》，中国人民公安大学出版社1992年版。

赵光武：《思维科学研究》，中国人民大学出版社1999年版。

朱长超：《挖掘大脑中的财富》，上海科学普及出版社2000年版。

朱贻庭主编：《伦理学大辞典》，上海辞书出版社2002年版。

荣容、肖君拥：《社区矫正的理论与制度》，中国民主法制出版社2007年版。

张觉：《韩非子译注》，上海古籍出版社2012年版。

［美］瓦兹沃思：《皮亚杰的认识和情感发展理论》，徐梦秋、沈明明译，厦门大学出版社1989年版。

［美］克莱门斯·巴特勒斯：《矫正导论》，孙小雳译，中国人民公安大学出版社1991年版。

［美］斯蒂文森：《伦理学与语言》，姚新中等译，中国社会科学出版社1991年版。

［美］科尔伯格：《道德发展心理学——道德阶段的本质与确证》，郭本禹等译，华东师范大学出版2004年版。

［美］卡特考斯基：《青少年犯罪行为分析与矫治》，叶希善译，中国轻工业出版社2009年版。

［美］马陶谢克：《底线：道德智慧的觉醒》，高园园译，重庆出版社2013年版。

［苏］凯洛夫：《教育学》，沈颖等译，人民教育出版社1953年版。

［英］里查·赫尔：《道德思维》，黄慧英、方子华译，远流出版社1991年版。

二　中文期刊：

宾雪花、刘卫华：《试论家庭与青少年犯罪预防》，《石河子大学学报》（哲学社会科学版）2007年第4期。

高畅、王雪峰：《儒家思想与青少年犯罪预防》，《青少年犯罪问题》2003年第5期。

花秀骏、华军：《挫折教育与青少年犯罪预防》，《青少年犯罪问题》2003年第3期。

郜金泰：《完善我国未成年人犯罪非刑罚矫正制度的构想》，《河北法学》2008年第12期。

江志华：《"社会键"理论与青少年犯罪预防》，《当代青年研究》2004年第6期。

贾宇：《未成年人犯罪社区矫正制度研究》，《人民检察》2011年第5期。

康树华：《美国青少年犯罪预防体系和措施》，《吉林大学社会科学学报》1992年第2期。

李建华：《简论道德思维》，《湘潭大学学报》（社会科学版）1991年第1期。

刘桃荣：《英国青少年犯罪预防的经验》，《青少年犯罪问题》2006年第5期。

刘香东：《后科尔伯格时代道德发展心理学对我国道德教育的启示》，《教育探索》2010年第7期。

鲁洁：《道德教育的根本作为：引导生活的建构》，《教育研究》2010年第10期。

刘训练：《西方群体政治心理研究的发展历程》，《南京社会科学》2013年第8期。

刘丽敏：《破解社区矫正的实践困境——国外经验借鉴及中国的体制机制构建》，《河北学刊》2014年第2期。

阮传胜：《我国社区矫正制度：缘起、问题与完善》，《北京行政学院学报》2011年第1期。

孙如枫：《论道德判断》，《江西社会科学》1995年第4期。

唐凯麟：《道德思维引论》，《湖南师范大学社会科学学报》2001年第2期。

藤本哲也、余建平：《日本预防青少年犯罪的新国策》，《青少年犯罪问题》2006年第6期。

吴宗宪：《论未成年犯罪人矫正的主要模式》，《预防青少年犯罪研究》2012年第1期。

汪娜：《法国青少年犯罪预防措施及其借鉴》，《青少年犯罪问题》2012

年第 5 期。

许尔忠：《论道德思维》，《人大研究》2001 年第 6 期。

谢思军、Jay X. Urban、吴盛：《青少年犯罪预防理论的研究视角：从犯罪原因到犯罪断念的转向》，《政法论丛》2007 年第 6 期。

徐大慰：《国外青少年犯罪预防项目的社会学分析》，《青少年犯罪问题》2012 年第 2 期。

易法建：《论道德认知》，《求索》1998 年第 3 期。

岳晓东：《批判思维的形成与培养：西方现代教育的实践及其意义》，《教育研究》2000 年第 8 期。

于华江、朱建美：《试论我国违法犯罪青少年社区矫正机制的构建——从英国违法犯罪青少年矫正机制借鉴的视角》，《中国人民公安大学学报》2007 年第 3 期。

张传芝、张艳秋、王秀云：《青少年家庭内暴力的家庭关系和父母教养方式的对照研究》，《中国行为医学科学》2004 年第 1 期。

郑红丽、罗大华：《青少年犯罪成因心理学研究新进展》，《南京师大学报（社会科学版）》2008 年第 1 期。

张伶：《"自我同一性"的确立与青少年犯罪预防》，《青少年犯罪问题》2008 年第 2 期。

张国平：《校园霸凌的社会学分析》，《当代青年研究》2011 年第 8 期。

张军伟：《论科尔伯格德育理论及其对我国学校德育的启示》，《传承》2011 年第 23 期。

三 英文文献：

Kohlberg, L. and Turiel, E., *Moral Development and Moral Education*, Glenview: Scott Foreman Company, 1971.

Kohlberg, L., *Cognitive-Developmental Theory and the Practice of Collective Moral Education*, New York: Gordon and Breach, 1971.

Muller, U., *Executive Function in Typical and Atypical Development*, in Blackwell Handbook of Childhood Cognitive Development, USE: Blackwell Publishers Ltd, 2007.

Philip David Zelazo and Ulrich Müller, *Blackwell Handbook of Childhood Cog-*

nitive Development, USE: Blackwell Publishers Ltd, 2007.

Wolfgang, M. E., *Robert Folio and Thorns ten Sell in Delinquency in a Birth Cohort*, Chicago: University of Chicago, 1972.

Wolfgang, M. E., Thornberry, T. P., and Figlio, R., *From boy to man, from delinquency to crime*, Chicago: University of Chicago Press, 1987.

Blair, R. J., "The roles of orbital frontal cortex in the modulation of antisocial behavior", *Brain and Cognition*, 2004 (1).

Borg, J. S., et al., "Infection, Incest, and Iniquity: Investigating the Neural Correlates of isgust and Morality", *Journal of Cognitive Neuroscience*, 2008 (9).

Eslinger, J., "Morals and the human brain: a working model", *Neu-roreport*, 2003 (3).

Esther G. González, Robert S. Allison, et al., " Cue conflict between disparity change and looming in the perception of motion in depth", *Vision Research*, 2010 (2).

Greene, J. D., "From neural 'is' to moral 'ought': what are the moral implications of neuroscientific moral psychology", *Nat Rev Neurosci*, 2003 (10).

Hunsdahl, J. B., "Concerning Einfühlung (empathy): A Concept Analysis of Its Origin and Early Development", *Journal of the History of the Behavioral Sciences*, 1967 (3).

Kohlberg, L., "Moral Development: A Review of the Theory", *Theory into Practice*, 1977 (2).

Longshore, D., Turner, S., Stein, J. A., "Self-control in a criminal sample: An examination of construct validity", *Criminology*, 1996 (2).

Moffitt, T. E., "Adolescence-limited and Life-course-persistent antisocial behavior: A developmental taxonomy", *Psychological Review*, 1993 (4).

Moll, J., Eslinger, P. J. and De Oliveira-Souza R., "Eslinger. Frontopolar and Anterior Temporal Cortex Activation in a Moral JudgmentTask-Preliminary Functional MRI Results in Normal Subjects", *Aquiver De Neuro-Psiquiatria*, 2001 (3B).

MacDonald, J., "Self-Control, Violent Offending, and Homicide Victimization: Assessing the General Theory of Crime", *J-Quant Criminal*, 2005 (1).

Olson, G. L., "Empathy Imperiled: Capitalism, Culture, and the Brain", *Political Science*, 2013 (1).

Travis, P., "Parental Management, ADHD, and Delinquent Involvement: Reassessing Gottfredson and Hirsch's General Theory", *Justice Q*, 2003 (3).

Walker, L. J., "The model and the measure: An appraisal of the Minnesota approach to moral development", *Journal of Moral Education*, 2002 (3).

Wood, P. B., "Risk-taking and self-control: social psychological correlates of delinquency", *Crime Justice*, 1993 (1).

附　录

您好，本问卷采用不记名，所以不要有任何顾虑。您的答案对我们来说非常重要和有价值。非常抱歉占用您宝贵的时间来填写我们的问卷，您认真的填写是对我们调查的极大支持，我们表示衷心的感谢！（回答时请用笔在序号上打"√"）

基本信息表

A1. 你的年龄：

A2. 你来自：

①大城市　　　②中等城镇　　③小城镇　　　④农村

A3. 家庭年人均收入：

①5千元以下　②5千—1万元　③1万—3万元　④3万—6万元

⑤6万元以上

A4. 父亲职业：

①党政机关　　②科教文卫　　③三资企业　　④国有企业

⑤私企　　　　⑥下岗待业　　⑦农民　　　　⑧其他

A5. 母亲职业

①党政机关　　②科教文卫　　③三资企业　　④国有企业

⑤私企　　　　⑥下岗待业　　⑦农民　　　　⑧其他

A6. 你的学历：

①小学　　　　②初中　　　　③高中、中专　　④大专

⑤大学本科　　⑥硕士及以上学历

A7. 父亲学历：

①小学　　　　②初中　　　　③高中、中专　　④大专
⑤大学本科　　⑥硕士及以上学历

A8. 母亲学历：

①小学　　　　②初中　　　　③高中、中专　　④大专
⑤大学本科　　⑥硕士及以上学历

饥荒（故事 #1）

以前，印度北部的小村庄经常遭受饥荒。这一年的饥荒更加严重。一些家庭甚至用树皮熬汤来充饥。辛格的家庭成员几乎处在被饿死的边缘。他听说本村的富人有大量的粮食，准备高价出售。辛格不顾一切，准备从这个富人的粮仓里偷些粮食。这少量的粮食甚至是他家从未有过的。

你赞成辛格取得这些粮食的方式吗？						
①强烈赞成	②相当赞成	③有点赞成	④中立	⑤有点不赞成	⑥相当不赞成	⑦强烈不赞成

请对下列 12 个问题的正确程度进行选择：

	①很正确	②比较正确	③有些正确	④不太正确	⑤不正确
1. 辛格冒着被抓的危险偷东西是勇敢的表现？					
2. 他去偷东西，仅仅是因为关爱自己的家庭？					
3. 社会的法律需要进一步完善？					
4. 辛格知道一种用树皮做汤的好办法？					
5. 当别人挨饿时，富人有权利储存粮食？					
6. 辛格偷窃的动机是为了自己？					
7. 辛格的行为不符合社会基本价值观？					
8. 这种获得食物的方式是严重的犯罪行为？					
9. 富人很贪婪，所以应该被偷吗？					

续表

	①很正确	②比较正确	③有些正确	④不太正确	⑤不正确
10. 私有制是一种富人剥削穷人的方式？					
11. 偷粮食可以唤醒富人的良知？					
12. 法律可以保障所有社会成员最基本的权利？					

请在以上12个问题中，选出4个你认为重要的问题：

重要程度	第一重要	第二重要	第三重要	第四重要
题号				

记者（故事 #2）

茉莉作为某报纸的新闻记者，已经工作了十多年。在一个偶然的机会，她知道副市长候选人在年轻的时候，曾经做过一些违法的事情。20年前，候选人冒充顾客进商店行窃，曾被逮捕过。作为一个未成年犯，他被指控犯了偷窃罪。后来他为自己所做的事情感到后悔。从那以后，他不仅洗心革面，而且帮助他人。在后来的工作中做出了卓越的成绩，留下了令人称赞的口碑。公正地说，记者认为候选人是副市长的最佳人选，并有能力解决市政府面临的种种问题，但记者犹豫是否将候选人以前不光彩的历史公之于众。

你赞成报道这则新闻吗？						
①强烈赞成	②相当赞成	③有点赞成	④中立	⑤有点不赞成	⑥相当不赞成	⑦强烈不赞成

请对下列12个问题的正确程度进行选择：

	①很正确	②比较正确	③有些正确	④不太正确	⑤不正确
1. 难道人们没有权利知道副市长候选人的背景吗?					
2. 发表这条爆炸新闻,将会让记者出名?					
3. 如果茉莉没有发表,其他记者也会发表?					
4. 既然候选人一定会当副市长,那发表这个新闻是没有意义的?					
5. 候选人在过去 20 年中所做的贡献不能抵消他 20 年前所犯的罪?					
6. 候选人当副市长是服务社会最好的方式?					
7. 如果这个故事是真实的,那么记者报道没有错?					
8. 记者报道新闻会对候选人打击很大,她不能这么残酷无情?					
9. 记者报道这则新闻不符合"人权"原则?					
10. 有或者没有这个报道,候选人当副市长是正当的?					
11. 记者要公正地报道所有候选人的背景资料?					
12. 不管情况如何,如实报道全部新闻,这是记者的职责?					

请在以上 12 个问题中,选出 4 个你认为重要的问题:

重要程度	第一重要	第二重要	第三重要	第四重要
题号				

填表说明:你好!无论你认为以下文中的工人或者医生做得对或者不对,请对每一个理由都认真考虑,然后根据你的判断进行选择,在所选的数字上打钩。(从 -4 到 4,越往左边表示越不正确,越往右边表示越正确!)

工厂风波

某个工厂里的一些工人被解雇了,但是他们都觉得被解雇的原因不明不白。工人们怀疑经理用摄像机非法监视他们。但是经理坚决否认。只有在有证据的情况下,工会才可以采取有效措施对付经理的不法行为。于是两个工人撬开了经理的办公室,偷走了作为证据的录像带。

	绝对错误					绝对正确			
1. 你认为这两个工人做得对吗	−4	−3	−2	−1	0	1	2	3	4
假如有人认为这两个工人做得对,你在多大程度上同意他下面的看法	绝对错误				绝对正确				
2. 因为他们没有给工厂带来损失	−4	−3	−2	−1	0	1	2	3	4
3. 因为经理漠视法律,为了维护法律尊严,这两个工人可以这样做	−4	−3	−2	−1	0	1	2	3	4
4. 大多数工人会支持他们的行动	−4	−3	−2	−1	0	1	2	3	4
5. 工人的个人尊严,比工厂的法规更重要	−4	−3	−2	−1	0	1	2	3	4
6. 因为工厂经理违法在先,这两个工人的行为是正当的	−4	−3	−2	−1	0	1	2	3	4
7. 因为这两个工人找不到揭露经理的办法,因而选择了偷录像	−4	−3	−2	−1	0	1	2	3	4
假设有人认为这两个工人做得不对,你在多大程度上同意他以下的看法	绝对错误				绝对正确				
8. 如果每个人都像这两个工人这么做,法律的尊严和社会的秩序会受到威胁	−4	−3	−2	−1	0	1	2	3	4
9. 任何人不能玩弄法律	−4	−3	−2	−1	0	1	2	3	4
10. 由于别人的原因,而冒着被公司解雇的风险是不明智的	−4	−3	−2	−1	0	1	2	3	4

续表

	绝对错误					绝对正确			
11. 这两个工人应该寻找合法途径，而不应该做违法的事情	-4	-3	-2	-1	0	1	2	3	4
12. 如果想被看作是一个诚实正派的人，就不能偷窃	-4	-3	-2	-1	0	1	2	3	4
13. 因为被解雇的人和这两个工人没有关系，所以他们不应该去偷录像带	-4	-3	-2	-1	0	1	2	3	4

填表说明：你好！无论你认为以下文中的工人或者医生做得对或者不对，请对每一个理由都认真考虑，然后根据你的判断进行选择，在所选的数字上打"√"。（从-4到4，越往左边表示越不正确，越往右边表示越正确！）

医生的困境

一个妇女得了癌症，没有任何治愈的希望。她浑身疼痛，已经非常虚弱，一片大剂量的止痛药就可以致她死亡。当她稍微有点力气的时候，她恳求医生给她足够的可以致命的止痛药。她说她再也不能忍受病痛的折磨了，无论如何都会死的，于是医生就满足了她的要求。

	绝对错误					绝对正确			
1. 你认为医生做得对吗	-4	-3	-2	-1	0	1	2	3	4
假如有人认为这个医生做得对，你在多大程度上同意他下面的看法	绝对错误					绝对正确			
2. 医生是按照自己的良心做事，不违背自己的医生义务	-4	-3	-2	-1	0	1	2	3	4
3. 医生是为了满足病人的心愿才这样做的	-4	-3	-2	-1	0	1	2	3	4
4. 医生只是按病人的要求做，不必担心后果	-4	-3	-2	-1	0	1	2	3	4

续表

5. 反正这个妇女的病也治不好，多开点止疼药不要紧	-4	-3	-2	-1	0	1	2	3	4
6. 医生没有违法，只是想缩短病人痛苦	-4	-3	-2	-1	0	1	2	3	4
7. 大多数医生在这种情况下也会这么做	-4	-3	-2	-1	0	1	2	3	4
8. 假设有人认为这个医生做得不对，你在多大程度上同意他以下的看法	绝对错误					绝对正确			
9. 如果有人反对安乐死，医生就不能这样做	-4	-3	-2	-1	0	1	2	3	4
10. 延长病人生命是医生的天职	-4	-3	-2	-1	0	1	2	3	4
11. 目前没有明确的道德标准来区分是安乐死还是谋杀	-4	-3	-2	-1	0	1	2	3	4
12. 医生这样做会给自己惹上麻烦	-4	-3	-2	-1	0	1	2	3	4
13. 医生应该等着而不是去干涉妇女的死亡过程	-4	-3	-2	-1	0	1	2	3	4
14. 这个医生违反了法律，如果他认为安乐死是不合法的，他就不应该答应病人的请求	-4	-3	-2	-1	0	1	2	3	4